Habeas Corpus

• Liberatório • Preventivo • Profilático

Conselho Editorial
André Luís Callegari
Carlos Alberto Molinaro
Daniel Francisco Mitidiero
Darci Guimarães Ribeiro
Draiton Gonzaga de Souza
Elaine Harzheim Macedo
Eugênio Facchini Neto
Giovani Agostini Saavedra
Ingo Wolfgang Sarlet
Jose Luis Bolzan de Morais
José Maria Rosa Tesheiner
Leandro Paulsen
Lenio Luiz Streck
Paulo Antônio Caliendo Velloso da Silveira

Dados Internacionais de Catalogação na Publicação (CIP)

C758h Constantino, Lúcio Santoro de
    Habeas corpus : liberatório, preventivo, profilático / Lúcio Santoro de Constantino. 2. ed. rev. atual. e ampl. – Porto Alegre : Livraria do Advogado Editora, 2016.
    162 p. ; 23cm.
    ISBN 978-85-69538-27-1
    Contém jurisprudência nas áreas criminal, cível, trabalhista, militar, eleitoral e modelos de petições.

    1. Habeas corpus. 2. Legitimidade. 3. Interesse em agir. 4. Competência. 5. Recurso. I. Título.

CDU 342.721

(Bibliotecária responsável: Marta Roberto, CRB-10/652)

Lúcio Santoro de Constantino

Habeas Corpus
• Liberatório • Preventivo • Profilático

Criminal
Cível
Trabalhista
Militar
Eleitoral
Juizados Especiais Criminais
Violência Doméstica

Lei
Jurisprudência
Doutrina
Modelos de Petições

2ª EDIÇÃO
revista, atualizada e ampliada

Porto Alegre, 2016

© Lúcio Santoro de Constantino, 2016

Capa, projeto gráfico e diagramação
Livraria do Advogado Editora

Revisão
Betina Szabo

Direitos desta edição reservados por
Livraria do Advogado Editora Ltda.
Rua Riachuelo, 1300
90010-273 Porto Alegre RS
Fone: 0800-51-7522
editora@livrariadoadvogado.com.br
www.doadvogado.com.br

Impresso no Brasil / Printed in Brazil

Aos meus queridos pais, João e Núncia, pela melhor lembrança;

A minha esposa Betina e aos meus filhos João, Pedro, Lucas e Marcos (que está por chegar).

Nota do Autor

Esta segunda edição se revela como satisfação de débito deste autor para com acadêmicos e profissionais do direito que, fervorosamente, demandaram pelo rejuvenescimento do inaugural escrito sobre o *habeas corpus*.

Nesta esteira, e sem concorrer com as demais obras existentes, apresento a renovada nota de consulta, com elementos de lei, jurisprudência e doutrina atualizados, e que permite, por sua simplicidade retratada em poucas páginas e textos divididos em títulos e subtítulos, uma forma célere de consulta.

A franciscana obra não pretende mais do que auxiliar, teórica e empiricamente, junto ao estudo do interessante e longevo instrumento firmado em favor da liberdade.

Desejo, assim, boa leitura!

Prefácio

Com muita honra e alegria recebi, e aceitei, o convite do querido amigo Lúcio Santoro de Constantino para ser a subscritora do prefácio desta excelente obra. O Autor, verdadeira referência contemporânea do Direito Processual Penal em nosso país, apresenta grande contribuição a todos nós que trabalhamos com a área jurídica ao lançar esta segunda edição de sua já consagrada obra.

Sem olvidar da importância dos grandes tratados e teses sobre os temas aqui abordados, considero irrefutável a imprescindibilidade da existência de obras como a presente, que se trata de verdadeiro guia a todos aqueles leitores que necessitem e desejem sanar dúvidas em relação ao *habeas corpus,* sejam eles profissionais do Direito, ou membros atuantes no mundo acadêmico.

Nosso país, inclusive por sua existência até certo ponto jovem, evidentemente passa por constante processo de amadurecimento de suas instituições democráticas nas mais variadas formas. Merece destaque o fato de, conforme definem muitos historiadores e cientistas políticos de renome, estarmos vivendo nas últimas três décadas aquele que pode ser definido como sendo o mais longo período ininterrupto de estabilidade democrática cidadã.

As constantes mudanças atravessadas por nossa Sociedade, que cada vez está mais profundamente inserida em um mundo globalizado e dinâmico, somadas ao antes citado processo de amadurecimento da Nação, trazem inegáveis desafios a todos aqueles que lidam com o Direito, e em especial com a área penal.

Dentre esses desafios, em meio a relações sociais interpessoais de crescente complexidade, é importante nunca perder de vista a necessidade de agir tendo por objetivo a garantia da aplicação mais efetiva possível de todos aqueles direitos e garantias conquistados pela Sociedade.

Nessa senda, o *habeas corpus* se reveste de cada vez mais relevante importância, porquanto, ao mesmo tempo em que a Sociedade clama por maior proteção e, assim, estimula o ímpeto punitivo do

Estado, a liberdade do indivíduo, a luz dos pressupostos básicos do Estado Democrático de Direito, necessita ser defendida. Este remédio constitucional, cuja origem histórica, características e peculiaridades se encontram tão bem explicitadas na presente obra, representa verdadeiro "freio de arrumação" aos eventuais e inevitáveis excessos e arbitrariedades cometidos na aplicação da lei penal.

Garantir a liberdade de locomoção, ou liberdade ambulatorial como se refere o Autor, quando ameaçada por coação ou violência, representa, a bem da verdade, concretizar os pilares da nossa ordem constitucional, e, portanto, da própria República.

Dessa forma, aplaudindo a iniciativa do Professor Lúcio de Constantino, recomendo a leitura e constante consulta desta obra a todos os envolvidos com a área jurídica.

Porto Alegre, dezembro de 2015.

Iris Helena Medeiros Nogueira
Desembargadora do Tribunal de Justiça do Estado do Rio Grande do Sul
Corregedora-Geral da Justiça do Rio Grande do Sul

Sumário

1. Origem do *habeas corpus*..15
   1.1. Origem da expressão..15
   1.2. Origem histórica..15
   1.3. História do **habeas corpus** no Brasil.......................................17
   1.4. O *habeas corpus* na esfera histórica constitucional brasileira.....19
2. Conceito de *habeas corpus*..21
3. Natureza jurídica..22
   3.1. Garantia constitucional...22
   3.2. Recurso ou ação?..22
   3.3. *Habeas corpus* é um recurso?..22
   3.4. *Habeas corpus* é uma ação?...23
   3.5. A ação de *habeas corpus* e eficácia 24
      3.5.1. *Habeas corpus* com eficácia cautelar (amplo sentido)........25
      3.5.2. *Habeas corpus* com eficácia constitutiva..........................25
      3.5.3. *Habeas corpus* com eficácia declaratória..........................26
      3.5.4. *Habeas corpus* com eficácia mandamental.......................26
      3.5.5. *Habeas corpus* com eficácia condenatória 26
      3.5.6. Eficácias contidas no artigo 648 do CPP..............................26
4. Espécies..27
   4.1. Preventivo..27
   4.2. Liberatório...28
   4.3. Profilático ou preservativo..28
      4.3.1. Considerações sobre o *habeas corpus* profilático ou preservativo..........29
5. Legitimidade..32
   5.1. Legitimidade ativa...32
      5.1.1. Distinção entre impetrante e paciente 33
      5.1.2. O paciente pode ser pessoa jurídica?...................................34
      5.1.3. Além do ser humano, algum semovente pode ser paciente?......35
      5.1.4. Para impetrar necessita-se de procuração?..........................36
      5.1.5. Necessidade de procuração 36
   5.2. Legitimidade passiva..37
      5.2.1. O constrangimento pode ser promovido por particular?........38

5.2.2. O constrangimento pode ser promovido pelo Ministério Público?........41
5.3. Legitimidade da intervenção do Ministério Público...................41
5.4. Legitimidade da intervenção do assistente de acusação.............42

6. Possibilidade jurídica..................43
   6.1. Impossibilidade jurídica face à punição disciplinar militar.............43
   6.2. Impossibilidade jurídica no estado de sítio.......................46

7. Interesse de agir....................48
   7.1. Falta de interesse de agir....................48
   7.2. Direito líquido e certo....................50

8. Cabimento....................51
   8.1. Quando não houver justa causa....................52
      8.1.1. Justa causa para prisão....................53
      8.1.2. Justa causa para inquérito policial....................57
      8.1.3. Justa causa para ação penal....................58
         8.1.3.1. Exercício regular de uma ação penal....................59
         8.1.3.2. Rejeição à denúncia ou queixa....................59
         8.1.3.3. Adequado processo legal....................60
         8.1.3.4. Acusação e fumaça de bom direito....................61
         8.1.3.5. Exame judicial sobre a justa causa e a prova da justa causa........62
   8.2. Quando alguém estiver preso por mais tempo do que determina a lei..........63
      8.2.1. Excesso de prazo do inquérito policial....................64
      8.2.2. Excesso de prazo frente à propositura da acusação....................65
      8.2.3. Excesso de prazo frente ao processamento....................65
      8.2.4. Excesso de prazo e provocação para a realização do ato....................67
   8.3. Quando quem ordenar a coação não tiver competência para fazê-lo............67
      8.3.1. Princípios jungidos à jurisdição e à competência....................68
      8.3.2. Competência e sua divisão....................69
      8.3.3. Algumas observações sobre competência....................74
   8.4. Quando houver cessado o motivo que autorizou a coação....................76
   8.5. Quando não for alguém admitido a prestar fiança, nos casos em que a lei autoriza....................77
   8.6. Quando o processo for manifestamente nulo....................78
   8.7. Quando extinta a punibilidade....................82

9. *Habeas corpus* de ofício....................84

10. Da competência....................85
   10.1. Supremo Tribunal Federal....................85
   10.2. Tribunais Superiores....................86
      10.2.1. Superior Tribunal de Justiça....................86
      10.2.2. Tribunal Superior Eleitoral e Superior Tribunal Militar..........87
      10.2.3. Tribunal Superior do Trabalho....................87
   10.3. Tribunais de 2º Grau....................87
   10.4. Juiz singular de 1º grau....................87

11. Forma de impetração..90
12. Requisitos da petição de *habeas corpus*..92
    12.1. Petição deficiente e medida de ofício...93
13. Produção de provas..95
    13.1. Prova pré-constituída e ausência de fase probatória..........................95
        13.1.1. A prova pré-constituída e seu exame judicial............................96
    13.2. Informações da autoridade coatora e parecer do *parquet*.........................96
    13.3. Oitiva de testemunhas..97
    13.4. Diligências..98
14. Pedido de liminar..99
15. Reiteração do pedido...102
16. Do rito..104
17. Decisão...107
    17.1. Admissibilidade..107
    17.2. Sentença..107
    17.3. Acórdão..108
    17.4. Concessão da ordem...108
18. Dos recursos..109
    18.1. Recurso necessário...109
    18.2. Recurso voluntário...111
        18.2.1. Recurso em sentido estrito...111
        18.2.2 Embargos de declaração..112
        18.2.3. Recursos constitucionais..113
            18.2.3.1. Recurso ordinário ao Supremo Tribunal Federal..............113
            18.2.3.2. Recurso ordinário ao Superior Tribunal de Justiça..........114
            18.2.3.3. Recurso extraordinário ao Supremo Tribunal Federal.....115
            18.2.3.4. Recurso especial ao Superior Tribunal de Justiça............116
        18.2.4. Agravo de instrumento...116
        18.2.5. Da impossibilidade de embargos infringentes ou de nulidade......117
19. *Habeas corpus* contra a prisão civil...118
    19.1. Alimentante inadimplente..118
    19.2. Depositário infiel..122
20. *Habeas corpus* na área trabalhista..123
21. *Habeas corpus* na área militar..126
22. *Habeas corpus* na área eleitoral...130
23. *Habeas corpus* no Juizado Especial Criminal.......................................132
24. *Habeas corpus* na Violência Doméstica (Lei 11.340/06).......................134

25. *Habeas corpus* **para evitar algemas**..139
26. *Habeas Corpus* **e controle difuso de constitucionalidade**..............140
27. Como fazer *habeas corpus*..142
28. Modelos de *habeas corpus*..143
    28.1. *Habeas* ao Juiz Singular do JECrim......................................143
    28.2. *Habeas* ao Tribunal de Justiça..146
    28.3. Recurso Ordinário em *habeas* ao Superior Tribunal de Justiça.................153
Bibliografia..159

1. Origem do *habeas corpus*

1.1. Origem da expressão

Trata-se de uma expressão em latim e que se traduz como "tome o corpo". Em rigoroso exame da letra latina, temos que *habeas* significa *tome*, pois é o subjuntivo de *habeo, habere* que significa ter, manter, possuir, exibir, tomar, trazer, etc. Já *corpus ou corporis* revela-se como *corpo*.

É de se destacar que esta expressão tinha especial significado na Roma Antiga: "tome o corpo da pessoa presa e apresente ao juiz, para o julgamento do caso".

Para Tornaghi:

"... a expressão *habeas corpus*, sem mais nada, *habeas corpus* por antonomásia, designa o *habeas corpus ad subjiciendum*, ordem ao carcereiro ou detentor de uma pessoa de apresentá-la, e de indicar o dia e a causa da prisão, a fim de que ela faça (*ad faciendum*), de que se submeta (*ad subjiciendum*) e receba (*ad recepiendum*) o que for julgado correto, pelo juiz."[1]

Nesta senda, a perífrase *habeas corpus* manteve-se integrada no vocábulo jurídico, sendo que, mais à frente, revelou-se como sinônimo de proteção da liberdade locomotiva do indivíduo.

1.2. Origem histórica

É possível se interpretar como origem do *habeas corpus* a ordem soberana que determinava que o prisioneiro fosse apresentado à corte.

Para Ruotolo:

---

[1] TORNAGHI, Hélio. *Curso de Processo Penal*. 6 ed. São Paulo: Saraiva, 1989. v.2, p. 382-383.

"Consistendo, però, all' origine, in um ordine del re com il quale si imponeva che il prigioniero fosse condotto davanti Allá Corte Del Banco Del Re (*King Bench Division*)."[2]

E sobre estas raízes históricas remotas do *habeas* junto ao direito romano, professa Ferreira:

"Pretende-se que os romanos já conheciam uma garantia criminal preventiva de natureza análoga aos habeas corpus, como seja, o *interdictum de homine libero exhibendo*, como ordem que o pretor dava a trazer o cidadão ao seu julgamento, apreciando a legalidade da prisão efetuada."[3]

Reconhece-se, ainda, como destaque na história do *habeas*, o preceito estabelecido no Capítulo XXXIX, artigo 48, da Carta Magna outorgada pelo Rei João Sem Terra,[4] em 15 junho de 1215: *Ninguém poderá ser detido, preso ou despojado de seus bens, costumes e liberdade, senão em virtude de julgamento por seus pares, de acordo com as leis do país.*[5] E salienta Hafetz que o *habeas corpus,* forte na Carta Magna de 1215, foi projetado para evitar que soberanos agissem de forma descontrolada e arbitrária:

"*Habeas corpus* traces its roots to 1215 and the signing of the Magna Carta. It was designed to keep kings from using power in an unchecked and arbitrary way".[6]

Com o passar do tempo, os direitos individuais sofreram outras agressões, até que no reinado de Carlos I "... a velha ambição de liberdade incendiou novamente o ânimo daquele povo ...".[7] Exaustos dos abusos de Carlos I, que além de repelir os protestos dos barões com

---

[2] RUOTOLO, Marco. *Habeas corpus*, In Diritti Umani, cultura dei diritti e dignità della persona nell'epoca della globalizzazione. Direzione scientifica di Marcelo Flores. Coordinamento di Marcelo Flores, Tana Grioppi e Riccardo Pisillo Mazzeschi. Torino:Unione Tipografico-Editrice Torinese, 2007, p. 696.

[3] FERREIRA, Luiz Pinto. *Teoria e prática do habeas-corpus*. São Paulo: Saraiva, 1979. p. 20.

[4] Por certo não se pode ofertar ao Rei João Sem Terra os louvores da espontaneidade e criação da *Magna Charta Libertatum*, pois a história revelou que este déspota, por ter sido asfixiado pela insurreição dos barões de ferro e de alguns membros do clero, obrigou-se, às margens do rio Tâmisa, a assinar a *Magna Charta Regis Johannis*. Conforme Arlidge e Judge, citando a descrição de Mathew Paris, João sem Terra reagiu "... *rangendo os dentes, franzindo a testa e agarrando galhos de árvores, os quais quebrava, sem antes de roê-los*". (ARLIDGE, Anthony; JUDGE, Igor. *Magna Carta, Law, Liberty, Legacy*. Edited by Claire Breay and Julian Harrison. The British Library. London, 2015, p.8.)

[5] É de se destacar que esta Carta Magna, cujo foco centrava o estado libertário do homem, teve sua inspiração na Carta de Henrique I, firmada em 1180.

[6] HAFETZ, Jonathan. *Ten Thing You Should Know About* Habeas Corpus.Nova Iorque: Brennan Center for Justice, NYU School of Law, 2007, p. 3.

[7] MIRANDA, Pontes de. *História e prática do habeas-corpus*. Rio de Janeiro: Borsoi, 1962. p. 43.

violência e prisões ilegais, impôs o *"ship money"*, mais um excessivo imposto, em 1628, o Parlamento inglês convocou uma assembleia e firmou a *Petition of Rights,* que se tratava de uma declaração formal redigida por Thomas Wentworth e que reafirmou o respeito à liberdade.

Giza-se que o sucesso desta última redação somente se deu em 1679, no reinado de Carlos II, período que Halliday destaca como de grande efervescência e conspiração política, quando expressamente o parlamento inglês editou o *Habeas Corpus Act*, que efetivamente consagrou o remédio eficaz para a liberdade.[8]

A evolução do ideário do *habeas corpus* continuou, sendo certo que a realidade da separação dos poderes e o firmamento da independência dos juízes foram essenciais para a consolidação do *mandamus* conforme os moldes atuais.

"La transformazione del *writ of habeas corpus* in strumento di garanzia della libertà individuale é avvenuta gradatamente nel tempo.

(...)

Solo successivamente, piú precisamente con lo sviluppo del principio della divisione dei poteri e dell' indipendenza dei giudici come ordine a sé stante."[9]

Assim, o *habeas*, de uma original manifestação do rei por sua prerrogativa junto à administração da justiça na ordem que determinava a apresentação do preso, evoluiu de forma aguda e gradual ao longo do tempo para se transformar em importante instrumento de proteção da liberdade individual a ser julgado por um juiz imparcial.

1.3. História do *habeas corpus* no Brasil

Muito embora o silêncio das ordenações Afonsinas, Manuelinas e Filipinas sobre *habeas corpus*, é possível se identificar a Carta de Seguro[10] como remédio avizinhado ao *mandamus*, já que se tratava de "segurança real", firmada em promessa e permissão de que o réu não seria preso até o final do processo.[11]

---

[8] HALLIDAY, Paul D. *Habeas Coirpus*: from England to Empire. The Balknap Press of Harvard University Press, Cambridge, Massachusetts; London, England, 2010.

[9] ENCICLOPEDIA GIURIDICA, Instituto della Enciclopedia Italiana. Roma: Fondata da Giovanni Treccani, 1989, p.1.

[10] Ex.: Ordenações Filipinas: Livro II, Título 26, § 2º

[11] ALMEIDA, Cândido Mendes de: *Ordenações Filipinas*. Lisboa: Fundação Calouste Gulbenkian, 1985.

Já com o decreto democrático de 23 de maio de 1821, restou estabelecido que:

> "1º que desde sua data em diante nenhuma pessoa livre no Brasil possa jamais ser presa sem ordem por escrito do juiz ou magistrado criminal do território, exceto somente o caso de flagrante delito, em que qualquer do povo deve prender o delinquente;
>
> 2º que nenhum juiz ou magistrado criminal possa expedir ordem de prisão sem proceder culpa formada por inquirição sumária de três testemunhas, duas das quais jurem contestes, assim o fato que em lei expressa seja declarado culposo, como a designação individual do culpado; escrevendo sempre sentença interlocutória que obrigue à prisão e livramento, a qual se guardará em segredo até que possa verificar-se a prisão do que assim tiver sido pronunciado delinquente;
>
> 3º que, quando se acharem presos os que assim forem indicados criminosos, se lhes faça imediata e sucessivamente o processo, que deve findar dentro de quarenta e oito horas peremptórias, principiando-se sempre que isso possa ser, por a confrontação dos réus, com as testemunhas que os culpavam, e ficando abertas e públicas todas as provas que houverem, para assim facilitar os meios de justa defesa, que a ninguém se deve dificultar ou tolher, excetuando-se por ora das disposições deste parágrafo os casos que, provados, merecerem pelas leis do Reino pena de morte acerca dos quais se procederá infalivelmente nos termos dos §§ 1º e 2º do Alvará de 31 de março de 1742."

Muito embora a inexistência do *habeas corpus* no aludido decreto, a verdade é que o anseio pela tutela da liberdade individual estava sendo estimulado pela atmosfera política existente. Nesta senda, a Constituição Imperial de 1824, em seu artigo 179, VIII, preceituou que:

> "Ninguém poderá ser preso sem culpa formada exceto nos casos declarados em lei; e nestes, dentro de vinte e quatro horas, contadas da entrada na prisão, sendo em cidades, vilas ou outras povoações próximas aos lugares da residência do juiz, e nos lugares remotos, dentro de um prazo razoável, que a lei marcará, atenta às extensão do território, o juiz por uma nota por ele assinada fará constar ao réu o motivo da prisão, o nome do seu acusador e os das testemunhas, havendo-as."

E foi de forma lídima que o *habeas corpus* ingressou em nossa legislação em 1832, com a promulgação do Código de Processo Criminal, através do artigo 340 e que previa: "Todo o cidadão que entender que ele ou outrem sofre uma prisão ou constrangimento ilegal em sua liberdade tem o direito de pedir uma ordem de *habeas corpus* em seu favor".

Contudo, o fato é que o remédio heroico vinha firmado apenas com a finalidade liberatória, ou seja, somente era cabível quando efetivado o constrangimento à liberdade ambulatorial. Assim, as diversas alterações promovidas no Código de Processo Criminal de 1832 resultaram em dar ao *habeas corpus*, outrossim, a faceta de remédio contra a ameaça à liberdade de locomoção. E em 20 de setembro de 1871, a Lei nº 2.033 explicitou o *habeas corpus* preventivo, como remédio para o constrangimento iminente, ao referir no artigo 18, § 1º:

> "Tem lugar o pedido e concessão da ordem de *habeas corpus*, ainda, quando o impetrante não tenha chegado a sofrer constrangimento corporal, mas se veja dele ameaçado."

Logo, expresso na legislação pátria, o *habeas corpus* passou a ser relacionado ao afastamento da coação e da violência contra a liberdade corporal e inseriu-se no cotidiano brasileiro de forma tão raizada que permanece até os dias de hoje.

1.4. O *habeas corpus* na esfera histórica constitucional brasileira

O *habeas corpus* foi erguido ao âmbito da legislação constitucional em 1891, com a Constituição da República que, em seu artigo 72, § 22, expressou: "Dar-se-á *habeas corpus* sempre que o indivíduo sofrer ou se achar em iminente perigo de sofrer violência, ou coação, por ilegalidade ou abuso de poder".

Todavia, em um exame perfunctório, depreende-se que o aduzido texto tanto poderia ser empregado para a defesa da liberdade de locomoção como para outros direitos. Assim, o Supremo Tribunal Federal consagrou a interpretação ampla do *habeas corpus*, admitindo-o para a defesa de qualquer direito. Porém, os constituintes de 1926 resolveram enfrentar a questão e estabelecerem, na reforma constitucional daquele ano, o artigo 72, § 22: "Dar-se-á *habeas corpus* sempre que alguém sofrer violência por meio de prisão ou constrangimento ilegal na sua liberdade de locomoção".

Posteriormente, a nova norma constitucional de 16 de julho de 1934, em seu artigo 113, XXIII, estabeleceu:

> "Dar-se-á *habeas corpus* sempre que alguém sofrer, ou se achar ameaçado de sofrer violência ou coação em sua liberdade, por

ilegalidade ou abuso de poder. Nas transgressões disciplinares não cabe o *habeas corpus*."

Por sua vez, a Constituição do Estado Novo de 1937, tendo à sua frente Getúlio Vargas, em seu artigo 122, n° 16, prescreveu:

"Dar-se-á *habeas corpus* sempre que alguém sofrer ou se achar na iminência de sofrer violência ou coação ilegal, na sua liberdade de ir e vir, salvo nos casos de punição disciplinar."

Já a Constituição de 1946, no seu artigo 141, § 23, previu que:

"Dar-se-á *habeas corpus* sempre que alguém sofrer ou se achar ameaçado de sofrer violência ou coação em sua liberdade de locomoção, por ilegalidade ou abuso de poder. Nas transgressões disciplinares não cabe o *habeas corpus*."

Em 1967, a Carta Constitucional, em seu artigo 150, § 20, conservou a redação acima, da mesma forma que a Emenda Constitucional n° 1, de 17 de outubro de 1969, em seu artigo 153, § 20.

Por fim, a Carta Política datada de 5 de outubro de 1988, e em vigor, estabeleceu em seu artigo 5°, LXVIII:

"Conceder-se-á *habeas corpus* sempre que alguém sofrer ou se achar ameaçado de sofrer violência ou coação em sua liberdade de locomoção, por ilegalidade ou abuso de poder."

Desta forma, calcado neste contexto histórico constitucional, o *mandamus* cravou raízes longas e firmes no sagrado seio da Carta Política.

2. Conceito de *habeas corpus*

Considerando que o *mandamus* vem estabelecido pela Constituição Federal e serve como garantia da liberdade locomotora de alguém, é certo dizer que o *habeas corpus* se trata de um meio constitucionalmente estabelecido para a tutela da liberdade fundamental de ir, vir e ficar.

Para Ramos, *habeas corpus* é

"uma ação penal pela qual se exerce o controle de constitucionalidade, do direito de locomoção quando há abuso do poder e há ilegalidade ferindo o princípio constitucional ..."[12]

Segundo Machado, o *habeas corpus* revela-se como

"um instrumento ou garantia do direito de liberdade de locomoção no espaço físico o que compreende o direito de ir, vir e ficar (*jus manendi, ambulandi, eundi, ultra citroque*)."[13]

E, conforme já tivemos oportunidade de dizer

"O *habeas corpus* é uma ação constitucional e que tutela a liberdade locomotora da pessoa. Trata-se de um meio para afastar o constrangimento ilegal, ou o risco de constrangimento ilegal, à liberdade fundamental de ir, vir e ficar do indivíduo."[14]

Nesta esteira, é possível se concluir que o *habeas corpus* é uma ação constitucional, que instrumentaliza a proteção da liberdade de locomoção da pessoa humana.

---

[12] RAMOS, Dircêo Torrecillas. *Remédios constitucionais*. 2.ed. São Paulo: WVC Ed., 1998. p. 19.

[13] MACHADO, Antônio Alberto. *Curso de Processo Penal*. 2.ed. São Paulo: Atlas, 2009. p. 658.

[14] CONSTANTINO, Lúcio Santoro de. *Recurso Criminal, Sucedâneos Recursais Criminais e Ações Impugnativas Autônomas*. 4.ed. Porto Alegre: Livraria do Advogado, 2010, p. 313.

3. Natureza jurídica

3.1. Garantia constitucional

É possível se compreender o *habeas corpus* não como direito público subjetivo, mas com índole de garantia constitucional, já que protege a liberdade ambulatorial do indivíduo e vem prescrito na Carta Política. Como toda pessoa humana faz *jus* à liberdade de deambular é necessário que exista instrumento capaz de garantir a satisfação deste direito. Assim, firma-se o *habeas corpus* como garantia à liberdade de ir, vir e ficar.

3.2. Recurso ou ação?

Contudo, no âmbito da instrumentalidade, teria *habeas corpus* uma natureza jurídica própria de recurso ou de ação?[15]

3.3. *Habeas corpus* é um recurso?

Basta ler o Código de Processo Penal, no Capítulo X do Título II de seu livro 3º, que encontraremos o *habeas corpus* estabelecido como recurso processual, pois o legislador o firmou no título dos Recursos em Geral.

Nesta esteira, Siqueira refere-se ao *habeas corpus* como

"... um recurso ordinário, e pelo seu processado, um recurso especial, pelo modo de sua interpretação e pela sua marcha processual."[16]

---

[15] Ousamos discordar daqueles que entendem que esta questão é infrutífera na esfera prática. A nosso ver, é importante firmar a natureza jurídica processual do remédio heroico para se saber, entre outros, quais são seus princípios norteadores, já que existem critérios distintos aos recursos e às ações.

[16] SIQUEIRA, Galdino. *Curso de processo criminal*. São Paulo: Livraria Magalhães, 1930. p. 383.

E ao professar que "... na nossa legislação, apontamos o *habeas corpus* como um recurso de caráter especial (misto) e objetivo específico",[17] Espínola provoca o entendimento de que a natureza jurídica do *habeas corpus* é de um recurso.

E Noronha escreve

"... a nós nos parece que se lhe não pode negar totalmente o caráter de recurso, pois pode ser impetrado contra decisões do juiz, para que o juízo superior as reveja..."[18]

Por sua vez, Leal,[19] Bueno,[20] Inocêncio Borges da Rosa[21] e outros doutrinadores estabelecem o *habeas corpus* como um recurso existente.

3.4. *Habeas corpus* é uma ação?

Contudo, modernamente, autores têm desprezado a ideia de *habeas* como recurso, para considerá-lo como ação.

Pontes de Miranda apresenta incisivo posicionamento sobre a natureza do *habeas corpus*:

"O pedido de *habeas corpus* é pedido de prestação jurisdicional em ação ... A ação é preponderantemente mandamental. Nasceu assim o instituto. Os dados históricos no-lo provarão. Não se diga (a errônea seria imperdoável) que se trata de recurso. A pretensão não é recursal. Nem no foi e nem no é. É ação contra quem viola ou ameaça violar a liberdade de ir, ficar e vir. Talvez contra a autoridade judiciária. Talvez contra o tribunal."[22]

Já Sidou reconhece o *habeas corpus* como um feito autônomo, sendo um "indesculpável erro técnico"[23] sua classificação como recurso.

---

[17] ESPÍNOLA, Eduardo. *Código de processo penal brasileiro anotado*, v. 4. Rio de Janeiro: Ed. Rio, 1980, p. 47.

[18] NORONHA, Edgard Magalhães. *Curso de direito processual penal*. São Paulo: Saraiva, 1989, p. 404.

[19] LEAL, Antônio Luiz Câmara. *Comentários ao código de processo penal brasileiro*, v. 1. Rio de Janeiro/São Paulo: Freitas Bastos, 1942, p. 173.

[20] BUENO, José Antonio Pimenta. *Apontamentos sobre o processo criminal brasileiro*. Rio de Janeiro: Jacintho Ribeiro dos Santos, 1922, p. 235.

[21] *Apud* CUNHA, Mauro; SILVA, Roberto Geraldo Coelho da. *Habeas corpus*. 2.ed. Rio de Janeiro: Aide, 1990, p. 66.

[22] MIRANDA, Pontes de. Op. cit., p. 56.

[23] SIDOU, J. M. Othon. *Habeas corpus, mandado de segurança, mandado de injunção, habeas data, ação popular*. 5.ed. Rio de Janeiro: Forense, 1998, p. 103.

Greco Filho[24] ensina que o *habeas corpus* é uma verdadeira ação, ainda que tenha por objeto impedir coação ilegal da própria autoridade judiciária. Refere, ainda, que recurso é um pedido de reexame de uma decisão, dentro de um processo; no caso do *habeas corpus*, o pedido é autônomo e se desenvolve em procedimento independente.

Gusmão idealiza o *habeas corpus* como sendo uma

"... ação *sui generis*, ou em forma mutilada, valendo em relação a ele os princípios relativos ao direito de petição, quanto aos pressupostos, e os de ação, quanto aos demais. Daí, a natureza mista deste remédio, incompatível com a simples caracterização de recurso, embora muitas vezes assuma esta feição, como meio de impugnação a despacho, provimento ou sistema ilegal."[25]

Para nós, o *habeas corpus* é ação pois possui as mesmas condições de existência de uma. Ademais, sua provocação, ao exercício da atividade jurisdicional, não concorre com a finalidade de reexaminar, mas, sim, de examinar ofensa à liberdade de ir, vir e ficar do indivíduo, razão que não fica adstrito à prazo ou à preexistência de processo.

E quando existe processo, o *mandamus* se realiza como *collateral attack*, ou seja em separado do feito criminal. E sobre o *habeas* refere Samaha

"called a collateral attack because it's a separate proceeding from the criminal case..."[26]

Ademais, o próprio cotidiano jurídico confirma sua índole de ação, ao admitir, por exemplo, o remédio heroico contra ameaça de prisão em flagrante (quando sequer existe decisão judicial ou processo criminal) ou contra decisão transitada em julgado (quando não cabe mais recurso).

Por estas razões, o *habeas corpus* é ação e resta equivocadamente encartado no Código de Processo Penal como recurso.

3.5. A ação de *habeas corpus* e eficácia

Considerando que o *habeas corpus* é uma ação para examinar ilegalidade alegada sobre o direito de locomoção, temos que se trata de uma ação de conhecimento com rito sumaríssimo. E, como tal, poderá carregar carga de eficácia cautelar (amplo sentido), constitutiva, declaratória, mandamental e, até, condenatória.

---

[24] GRECO FILHO, Vicente. *Tutela constitucional das liberdades*. São Paulo: Saraiva, 1989.

[25] GUSMÃO, Sady Cardoso. *Código de processo penal*: breves anotações. Rio de Janeiro, 1942. p. 578.

[26] SAMAHA, Joel. *Criminal Procedure*. Ninth Edition. Minnesota: Cengage Learning, 2013, p. 22.

3.5.1. *Habeas corpus* com eficácia cautelar (amplo sentido)

Como se sabe, a ação cautelar, em sua espécie, estribada no *periculum in mora* e no *fumus bonis iuris*, é aquela que possui ligação umbilical com outra ação. Desta forma, poderá ser promovida para inaugurar a lide entre as partes, restando posteriormente subordinada ao processo de conhecimento, ou poderá ser promovida na dependência do feito de cognição, sempre que seu objetivo for o de proteção, mas sem satisfazer a pretensão exposta.

Contudo, não nos parece preciso dizer que o *habeas corpus* tenha carga de eficácia cautelar ou esta característica. É que a ação de *habeas*, que se reflete em processo para conhecer a ilegalidade apontada, é autônoma e possui efeito satisfativo e não meramente provisório, pois sua pretensão é a definitiva cessação da ofensa à liberdade de locomoção.

Grinover, Fernandes e Gomes Filho professam a existência de dois tipos distintos de tutela e referem que o *habeas corpus* se enquadra como uma tutela preventiva, e não de natureza cautelar, pois

"... não se deve confundir tutela preventiva com tutela cautelar ou antecipatória: esta tem caráter instrumental e visa a assegurar o próprio processo, razão pela qual o provimento que a concede tem caráter provisório; na tutela preventiva, ao contrário, ocorre uma verificação prévia do direito, em face da urgência do remédio postulado, mas a providência judicial adotada assume o caráter de definitividade. Nessa última situação enquadram-se o *habeas corpus* e o Mandado de Segurança preventivos, pois para a concessão desses remédios o órgão jurisdicional resolve completa e definitivamente sobre direito aplicável à hipótese noticiada..."[27]

Desta forma, não nos convence a expressão *habeas corpus* com eficácia cautelar, principalmente quando este traz caráter de satisfação integral do direito. Por certo, até poderíamos aceitar a expressão cautelar jungida ao *habeas corpus*, quando empregada no sentido amplo de cautela e de forma atécnica para caracterizar o âmbito genérico de prevenção.

3.5.2. *Habeas corpus* com eficácia constitutiva

A ação constitutiva é aquela que busca criação, modificação ou extinção de uma situação jurídica. Logo, o *habeas corpus*, cuja pretensão de ordem seja criar, modificar ou extinguir uma ilegal situação, será caracterizado como de eficácia constitutiva. Um exemplo de *habeas*

---

[27] GRINOVER, Ada Pellegrini; GOMES FILHO, Antonio Magalhães; FERNANDES, Antonio Scarance. *Recursos no processo penal*. 2.ed. São Paulo: Revista dos Tribunais, 1999, p. 346.

corpus com carga constitutiva é aquele que resulta no desfazimento da sentença transitada em julgado, face à nulidade absoluta.

3.5.3. *Habeas corpus* com eficácia declaratória

A ação declaratória tem a finalidade de promover a declaração de inexistência de uma relação jurídica. É assim que veremos o *habeas corpus* quando seu pedido carregar a eficácia declaratória. Um exemplo de *habeas corpus* com carga declaratória é aquele que resulta no reconhecimento da existência de uma causa de extinção da punibilidade, durante o feito criminal.

3.5.4. *Habeas corpus* com eficácia mandamental

Trata-se de carga mandamental peculiar na ação de *habeas corpus*, já que busca imediatamente a expedição de ordem e que a mesma seja cumprida. Não seria lógico que se outorgasse outro momento, como fase de execução, para o cumprimento da determinação. Exemplo de *habeas corpus* com carga mandamental é aquele que resulta na expedição de alvará de soltura.

3.5.5. *Habeas corpus* com eficácia condenatória

Por fim, uma curiosidade ressalta. É que o artigo 653 do Código de Processo Penal prevê:

"Ordenada a soltura do paciente em virtude de *habeas corpus*, será condenada nas custas a autoridade que, por má-fé ou evidente abuso de poder, tiver determinado a coação."

Ora, forçosamente é de se reconhecer, então, a existência de um único caso de ação de *habeas corpus* com carga condenatória. Ou seja, frente à responsabilidade da autoridade coatora junto ao pagamento de custas, por ter a mesma agido com astúcia ou excesso.[28]

3.5.6. Eficácias contidas no artigo 648 do CPP

Examinando-se o artigo 648 do CPP, que prevê hipóteses de cabimento da ação de *habeas corpus*, poderemos encontrar em todos a eficácia mandamental e, conforme a situação de fato e de direito, as eficácias constitutivas ou declaratórias.

---

[28] Entrementes, é de se considerar que o art. 5º, LXXVII, da CF estabelece a gratuidade das ações de *habeas corpus*.

4. Espécies

O artigo 5º, LXVIII, da Constituição Federal prevê:

"Conceder-se-á *habeas corpus* sempre que alguém sofrer ou se achar ameaçado de sofrer violência ou coação em sua liberdade de locomoção, por ilegalidade ou abuso de poder."

Por sua vez, o artigo 647 do CPP prescreve:

"Dar-se-á *habeas corpus* sempre que alguém sofrer ou se achar na iminência de sofrer violência ou coação ilegal na sua liberdade de ir e vir, salvo no caso de punição disciplinar."

Então, observando o texto legal, concluir-se-á pela existência de espécies de *habeas corpus*.

4.1. Preventivo

Preliminarmente, depreende-se que as expressões *ameaçado de sofrer violência ou coação,* estampada na Carta Política, e *iminência de sofrer violência ou coação ilegal*, empregada no diploma processual, buscam referir o mesmo instituto. Logo, a iminência e a ameaça são sinônimos jurídicos.

Para Tourinho Filho,

"... Ora, tanto *iminência* como *ameaça* postulam a mesma raiz indo-europeia min = saliência, proeminência (v. *Dictionnaire des recines des langues européenes* – Grandsaignes d'Hauterive, 4.ed., Paris, Parousse, p. 127), ou seja, coisa suspensa e pendente, que é passível de queda a qualquer momento, constituindo-se, pois, figuradamente, em promessa de dano ou ameaça. Assim, as perífrases *achar-se na iminência de sofrer* e *estar ameaçado de sofrer* refletem ações de matiz durativo ou contínuo, promissivas de dano, dano este que pode concretizar-se a qualquer momento. Desse modo, no nosso entendimento, a Magna Carta, substituindo a expressão 'se achar na iminência de sofrer' (artigo 5º, LXVIII) pela 'se achar ameaçado de sofrer', não alterou o disposto no artigo 647 do CPP. Fez uso, apenas, de expressão equivalente."[29]

E aqui surge a espécie de *habeas corpus* preventivo. Preventivo porque busca, desde já, fazer cessar o constrangimento ilegal na forma da iminente violência ou iminente coação. Neste caso, depreende-se que a violência ou a coação não existem efetivamente, pois o que há é o constrangimento firmado na clara ameaça, ou seja, no estágio anterior à concretitude da força material. Desta forma, serve o *habeas corpus* para afastar o ilegal mal físico prometido e que bem se resume na expressão "vai ser preso". A concessão de *habeas corpus* preventivo determina a expedição de salvo-conduto.

Exemplo: impetração de *habeas* contra a ordem de prisão, a qual ainda não se consumou.

4.2. Liberatório

Já os vocábulos *sofrer ... violência ou coação* e *sofrer ... violência ou coação ilegal* das legislações aludidas dão a entender a existência de uma força física concreta. Neste caso, o constrangimento à liberdade de locomoção já ultrapassou o estágio da promessa, para efetivamente se firmar em ação que atingiu a integridade física: violência ou coação. Logo, serve o *habeas corpus* liberatório para afastar o mal existente e que se traduz no "estar preso" ilegalmente. Nestes casos, a concessão da ordem resultará na expedição de alvará de soltura.

Para alguns o *habeas corpus* liberatório resta chamado como repressivo.

Exemplo: a impetração de *habeas* em que o paciente está preso ilegalmente.

4.3. Profilático ou preservativo

Trata-se do *habeas corpus* que não se vincula à proteção contra o constrangimento ilegal na forma da violência ou iminente violência (ameaça). Mas, sim, contra o risco destas espécies ocorrerem. Significa dizer que serve para preservar o direito contra a simples possibilidade de ilegalidade contra a liberdade de locomoção.

Por não estar jungido à violência ou à ameaça, a concessão desta espécie de *habeas corpus* não se vincula à expedição de alvará de sol-

---

[29] TOURINHO FILHO, Fernando da Costa. Op. cit., p. 459.

tura ou salvo conduto, mas à ordem necessária para o afastamento da ilegalidade constatada.

Exemplo: a impetração de *habeas* em face de indeferimento de pedido para adiamento de audiência.[30]

4.3.1. Considerações sobre o *habeas corpus* profilático ou preservativo

Como se depreende, a ilegalidade contra a liberdade de locomoção da pessoa humana é o estribo primordial para o cabimento do *habeas corpus*. E quando se diz sobre ilegalidade, deve-se ter em mente o constrangimento ilegal ou risco de constrangimento ilegal.

É bem verdade que para a doutrina tradicional, a violência e a ameaça sempre se constituíram como exclusivas espécies de constrangimento ilegal à liberdade de locomoção, vinculadas ao *habeas corpus*. Porém, com o passar dos tempos surgiu nova situação de ilegalidade, como o risco de constrangimento ilegal à liberdade de locomoção, a qual não se moldava à teoria tradicional.

Veja-se que a ilegalidade frente à liberdade de locomoção não se consubstancia apenas no evidente constrangimento ilegal, mas, sim, também, na certeza do risco deste constrangimento. Por esta razão, que quando a ilegalidade está jungida a possibilidade do constrangimento ilegal à liberdade de locomoção, restam prejudicados os *habeas corpus* liberatório (violência/alvará de soltura) e preventivo (ameaça/salvo-conduto), e surge o *habeas corpus* profilático ou preservativo como melhor opção.

Veja-se que o espírito da Constituição Cidadã (1988) revela ampla atenção junto à tutela dos direitos fundamentais do homem. E sendo o *habeas corpus* ação constitucional para proteção do direito de liberdade de locomoção, o mesmo deve assumir sua finalidade com total amplitude, de forma a agir contra qualquer ilegalidade ao direito ambulatorial, mesmo quando este apenas se manifeste no plano da virtualidade.

Grinover, Fernandes e Gomes Filho referem que:

"O Código de Processo Penal de 1941 (artigo 467) refere-se à iminência da violência ou coação como requisito para a concessão da ordem em caráter preventivo, mas essa limitação não subsiste

---

[30] TRF da 5ª Região. HC 5558/AL 0006801-62.2014.4.05.0000. Concedida a ordem, em face do indeferimento de pedido de adiamento de audência.

no nosso ordenamento, desde a Constituição de 1946, razão pela qual é admissível a tutela antecipada mesmo em situações em que a prisão constitua evento apenas possível a longo prazo; essa característica tem permitido que o *habeas corpus* seja, entre nós, um remédio extremamente eficaz para o controle da legalidade de todas as fases da persecução criminal.

Admite-se assim o remédio constitucional para o trancamento de ação penal, ou até de inquérito policial, mesmo que o acusado ou investigado não esteja preso ou com ordem de prisão expedida, pois a simples tramitação do procedimento penal já encerra, potencialmente, o risco de uma futura restrição à liberdade."[31]

Por sua vez, Mirabete prescreve:

"Havendo, porém, qualquer possibilidade de ser atingida a liberdade de locomoção do paciente, é admissível o *habeas corpus*, cabível contra cerceamento potencial, possível ou provável."[32]

Assim, firma-se o *habeas corpus* profilático ou preservativo como instrumento contra o risco de constrangimento ilegal à liberdade de locomoção. E como exemplos desta espécie de *habeas*, observamos a impetração:

- para trancar ação penal em face de fato atípico[33] ou denúncia genérica.[34]
- contra decisão que indefere adiamento de audiência.[35]
- para rechaçar gravação ilícita.[36]
- para desconstituir busca e apreensão.[37]

Veja-se que o *habeas corpus* profilático assume posição relevante no cenário jurídico-processual, pois preenche a sensível lacuna existente na processualística penal, principalmente em situações nas quais se revela como única medida impugnativa, agindo como válvula de escape para aliviar a forte pressão exercida pelo princípio da irrecorribilidade.

---

[31] GRINOVER, Ada Pellegrini; GOMES FILHO, Antonio Magalhães; FERNANDES, Antonio Scarance. Op. cit., p. 347.

[32] MIRABETE, Julio Fabbrini. *Processo penal*. 11.ed. São Paulo: Atlas, 2001, p. 715.

[33] STF, HC 102422, j. 10.06.00.

[34] STF, HC 86.000/PE, DJU de 02.02.07.

[35] TRF da 5ª Região. HC 5558/AL 0006801-62.2014.4.05.0000.

[36] TSE HC 309-90.2015.6.00.0000/BA, j. 10.09.15.

[37] TSE RHC 1263-72.2014.618.0000/PI, j. 25.08.15.

Com relação a nomenclatura – *habeas corpus* profilático ou preservativo –, é evidente que esta perífrase não é obrigatória. Contudo, a mesma se apresenta extremamente útil para fins didáticos.

Por fim, não é demais lembrar que esta espécie de *habeas corpus* só será cabível quando existir a certeza do risco à liberdade de locomoção. Ou seja, quando for evidente que o direito líquido e certo da liberdade locomotiva se encontra em perigo. E não poderia ser diferente, pois o mero temor não se constituirá em ofensa à liberdade de locomoção passível de *habeas*.[38]

---

[38] RT424/400. Mesmo sentido: RT597/302, RJD 23/464 e RHC 6571, STJ, DJU 22.9.97.

5. Legitimidade

5.1. Legitimidade ativa

O artigo 654 do CPP refere expressamente:

"O *habeas corpus* poderá ser impetrado por qualquer pessoa, em seu favor ou de outrem, bem como pelo Ministério Público."

Inicialmente, não haveria qualquer problemática de interpretação. Contudo, a Constituição Federal, em seu artigo 133, determina: "O advogado é indispensável à administração da justiça, sendo inviolável por seus atos e manifestações no exercício da profissão, nos limites da lei". Ora, haveria aqui antinomia legal? Não! A impetração do remédio heroico não se trata de atividade privativa de advogado, pois o artigo 1º, § 1º, da Lei nº 8.906/94 (Estatuto da Advocacia), dispõe que "Não se inclui na atividade privativa de advocacia a impetração de *habeas corpus* em qualquer instância ou tribunal".

Assim, segue a lógica de que o *habeas corpus* pode ser impetrado por qualquer pessoa, incluindo o próprio beneficiário, ou seja, o paciente, a pessoa jurídica, o menor, o insano, o estrangeiro (desde que o escrito esteja em língua portuguesa), o analfabeto (desde que alguém assine o pedido a seu rogo artigo 654, § 1º, *c*, do CPP) entre outros.

E há muito tempo temos a lição de Guimarães:

"O *habeas corpus* sendo um pedido de justiça que se dirige ao juiz, uma solicitação para que cesse uma violência ilegal, não pode ser negada ao menor nem à mulher casada ou não, nem ao estrangeiro. A incapacidade civil, relativa, do menor ou da mulher casada, não pode constituir óbices a que qualquer deles possa pedir ao juiz que faça cessar um constrangimento ou coação à sua liberdade."[39]

---

[39] GUIMARÃES, Aureliano. *Habeas corpus*. São Paulo: Acadêmica, 1925, p. 5758.

Contudo, não se pode confundir a pessoa capaz de impetrar a ordem, com seu exercício da função pública. Veja-se que o Ministério Público, defensor da ordem jurídica (artigo 127, CF) e com capacidade postulatória, vem legitimado para impetrar a ordem, inclusive pelo próprio artigo 654, *in fine,* do CPP, além do artigo 32, I, da Lei nº 8.625/93 (Orgânica Nacional do Ministério Público). Já o Juiz, não. É que o Magistrado não possui capacidade postulatória e a concessão de *habeas* de ofício se revela como próprio dever funcional do Estado-Juiz (artigo 654, § 2º, do CPP). Outrossim, o Delegado de Polícia não poderá ser impetrante, pois não desfruta da atividade postulatória. Porém, destaca-se que indivíduo que é Juiz ou Delegado de Polícia poderá impetrar a ordem de *habeas* em sua condição de cidadão.

5.1.1. Distinção entre impetrante e paciente

O impetrante é o autor da ação *habeas corpus,* é aquele que requer a concessão da ordem.

Já o paciente é aquele que sofre a ofensa em sua liberdade de ir, vir e ficar, ou seja, é o beneficiário da concessão da ordem.

Uma vez que o impetrante seja pessoa distinta do paciente, pode-se ter desde uma simples representação processual, como no exemplo do advogado que atua em nome do paciente, até uma clara composição de listisconsorte. Neste último caso, significa dizer que, ao lado do autor/impetrante, haverá, necessariamente, o paciente como interveniente.

Com relação à eventual colisão de interesses entre o paciente e o impetrante, professam Aquino e Nalini:

"A impetração independe da vontade do paciente. Assim, se alguém sofre constrangimento ou está ameaçado de sofrê-lo, pode outrem impetrar a ordem em seu nome."[40]

Contudo, permitimo-nos pensar diferente. É que entendemos que o impetrante deve comungar sua ação aos interesses do paciente, pois existem situações em que a impetração do *habeas corpus* pode trazer reflexos negativos ao paciente, inclusive no âmbito de sua linha de defesa. E neste sentido, inclusive, já se decidiu por não se conhecer o *habeas* impetrado.[41]

---

[40] AQUINO, José Carlos G. Xavier de; NALINI, José Renato. *Manual de processo penal.* São Paulo: Saraiva 1997, p. 314.

[41] TJRS HC 70051815553, j. 22.11.12

5.1.2. O paciente pode ser pessoa jurídica?

Estabelecida a diferença entre impetrante e paciente, questiona-se se o paciente poderia ser pessoa jurídica.

O artigo 647 do CPP é cristalino ao preceituar que dar-se-á *habeas corpus* sempre que alguém sofrer violência ou ameaça na sua liberdade de ir e vir. Assim, o *mandamus* se destina, e exclusivamente, para proteger alguém, ou seja, o indivíduo, em seu direito à liberdade ambulatorial.

E conforme Mossin,

"A palavra locomoção no seu sentido etimológico significa o ato de se deslocar de um ponto para outro, a qual sob o quadrante que lhe dá a Magna Carta implica no ato da pessoa deambular livremente, ou seja, ir, vir e ficar. Enfim, que se trate de locomoção, quer se cuide de ir, vir e ficar, tanto uma outra expressão traduz o mesmo significado: liberdade física ou corpórea do indivíduo."[42]

Logo, não há lugar para o *habeas* em favor da pessoa jurídica, pois esta não possui o direito à liberdade ambulatorial.

De outra banda, frente à Teoria da Realidade, que admite o ente ideal com vontade própria e com condições de delinquir, bem como aos artigos 225, § 3º, CF e 3º da Lei nº 9.605/98 e que reconhecem a responsabilização penal das pessoas jurídicas em face dos crimes contra o meio ambiente (não obstante opinião contrária[43]) é evidente que as sanções jungidas ao ente ideal jamais poderão ser de privação de liberdade. Ou seja, o ente ideal poderá ser multado, obrigado a ressarcir, interditado, suspenso, dissolvido entre outros, porém jamais ser "preso".

Entretanto, o voto solitário do relator Min. Ricardo Lewandowski, conhecendo *habeas* para proteger pessoa jurídica contra ilegalidades em ação penal de delitos ambientais, trouxe como fundamento a falta de adequação do sistema processual à nova realidade apresen-

---

[42] MOSSIN, Heráclito Antônio. *Habeas corpus*. 5.ed. São Paulo: Atlas, 2000, p. 86.

[43] "É impossível a uma ficção a prática de fatos criminosos e aos entes reais compostos de pessoas físicas não se adapta o conceito penal de dolo ou culpa (puramente subjetivo). Ademais, não seria possível aplicar às pessoas jurídicas muitas das penas previstas na legislação penal (corporais, privativas de liberdade, etc.). Diz-se que a pessoa jurídica não delinqui através de seus membros, são os membros que praticam os crimes através das pessoas morais. Assim, só os responsáveis concretos pelos atos ilícitos (gerentes, diretores, etc.) são responsabilizados penalmente, inclusive pelas condutas criminosas praticadas contra a pessoa jurídica (art. 177 do CP)." Mirabete, Julio Fabbrini. *Manual de direito penal*. 4.ed. São Paulo: Atlas, 1989, p. 123.

tada pela criminalização das ações praticadas por tais entes. Apesar de vencido, o voto provocou interessante debate.[44]

Assim, se o indivíduo buscar remover, transferir, mudar, deslocar, transladar o ente ideal e for impedido ilegalmente, por certo o remédio cabível, em se tratando de ofensa ao direito líquido e certo, será o mandado de segurança. Não se pode confundir a pessoa jurídica com a pessoa humana que administra empresa, a gestiona, enfim, o indivíduo que se relaciona com a empresa (sócio, diretor, gerente, etc.) e tem liberdade de locomoção.

5.1.3. Além do ser humano, algum semovente pode ser paciente?

Não. Somente o ser humano é quem possui direito de deambular. Mesmos os semoventes como cavalos, cachorros, pássaros,[45] entre outros, não carregam o direito de liberdade de locomoção.

Os animais irracionais não podem integrar a relação jurídica na qualidade de sujeito de direito, mas, apenas, de objeto de direito, razão que não se tem admitido a equiparação com ser humano.

E, muito embora se observe certa insistência nas impetrações de *habeas* em favor de animais,[46] os mesmos não têm sido conhecidos pelos tribunais.[47]

Ocorre que tal orientação é possível de ser reformada, se assim permitir a evolução jurídica, em face das insistentes ações de grupos de defesa de animais não humanos.[48] Porém, atualmente, a proteção

---

[44] STF, HC 92921/BA, j.14.08.08.

[45] STF RHC 63/399

[46] O Ministério Público da Bahia, por intermédio de seu núcleo do Meio Ambiente, impetrou *habeas corpus* em favor de uma chipanzé, alegando coação por parte do Diretor de Biodiversidade da Secretaria de Meio Ambiente e Recursos Hídricos que a mantinha aprisionada no Jardim Zoológico de Salvador, numa jaula com área total de 77.56m2. Noticia-se que a impetração (9ª Vara Criminal de Salvador/Bahia, sentença , HC 833085-3/2005, j. 28.09.05) argumentou sobre o projeto "Grandes Primatas", qual afirma que os humanos e os primatas, por terem se divididos em espécies diferentes há mais ou menos 6 milhões de anos, podem se equiparar. Contudo, o pedido de *habeas* restou prejudicado face morte da chipanzé.

[47] TJ/RJ, HC 2637-70.2010.8.19.0000, j.19/04/2011. *Habeas* impetrado em favor de uma chipanzé. Decisão TJ/RJ, 2ª Câmara Criminal" ...por unanimidade, decidiu-se não conhecer da impetração, indeferindo-se a peça exordial do *mandamus* com fulcro no Art. 265 e seguintes do C.P.C. De ofício decidiu-se acolher as peças como direito de petição na forma do Art. 5º, XXXIV, "a" da Constituição Federal e, após copiá-las, remete-las à chefia do Poder Executivo de Niterói, à chefia do Ministério Público Federal e Estadual, às Comissões de Meio Ambiente do Senado, da Câmara Federal e da ALERJ, bem como ao IBAMA.

[48] Existem ações de movimentos em defesa de animais não humanos, com base em *habeas*, para beneficiar chimpanzés em cativeiro, como forma de assegurar direitos legais. Em matéria

destes objetos ainda ocorre, quando violado o direito líquido e certo, através de mandado de segurança.

5.1.4. Para impetrar necessita-se de procuração?

É evidente que a amplitude apresentada pela lei, para assegurar o maior cuidado e observância ao direito fundamental da liberdade locomotora, revela a desnecessariedade da procuração. Contudo, em se tratando de advogado, em face do compromisso profissional, resta importante a juntada de procuração para firmar a representação em nome do cliente. E o artigo 5º da Lei nº 8.906/94 (Estatuto da Advocacia) determina:

> "O advogado postula, em juízo ou fora dele, fazendo prova do mandato.
> § 1º. O advogado, afirmando urgência, pode atuar sem procuração, obrigando-se a apresentá-la no prazo de 15 (quinze) dias, prorrogável por igual período.
> § 2º. A procuração para o foro em geral habilita o advogado a praticar todos os atos judiciais, em qualquer juízo ou instância, salvo os que exijam poderes especiais."

Veja-se que esta importância não se traduz em obrigatoriedade, pois a não juntada de procuração não prejudicará o *habeas corpus*, até porque não há como impedir que alguém, na condição de cidadão, impetre a ordem. E segundo Tourinho Filho

> "... se o impetrante for advogado, ou mesmo outra pessoa sem capacidade postulacional, não haverá necessidade de o paciente lhe outorgar procuração."[49]

Contudo, conforme se observará, deve-se atenção à procuração em casos de certos recursos.

5.1.5. Necessidade de procuração

Ocorre que não se pode confundir impetração de *habeas* com interposição de recurso ordinário.

---

publicada no *The New York Times*:"News analysis; animal advocacy group the Nonhuman Rights Project files writs of habeas corpus on behalf of four captive chimpanzees, believing that such lawsuits offer model for how to fight for legal rights for nonhumans; case has raised questions about animal self-awareness and what it means to be human." The New York Times, *The Humanity of Nonhumans*, the New York edition, p.D1, 10.12.13.

[49] TOURINHO FILHO, Fernando da Costa. Op. cit., p. 446.

Nesta senda, como a súmula nº 115 do Superior Tribunal de Justiça estabelece que na instância especial é inexistente o recurso interposto por advogado, sem procuração nos autos, logo firmou-se o entendimento no sentido de não se conhecer recurso contra decisão em *habeas*, quando desacompanhado de procuração.[50]

Contudo, contrariamente, existem decisões no sentido de que ao não se demandar capacidade postulatória para impetrar *habeas*, não há que se exigir para interpor recurso respectivo.[51] E já entendeu o Supremo Tribunal Federal que a legitimação para recorrer em decisão de *habeas* independe de habilitação legal ou de representação[52] e que é de se prestigiar o caráter popular da ação, com a admissão do recurso ordinário sem habilitação.[53]

De nosso lado, entendemos que, se alguém tem direito à ação de *habeas corpus*, outrossim faz *jus* aos direitos existentes nesta ação, entre os quais o de recorrer contra decisão que lhe é desfavorável. E se a ação de *habeas* não reclama procuração, não é de se exigir este instrumento junto ao recurso interposto, até porque quem pode o mais pode o menos.[54]

Entrementes, para evitar o risco de não conhecimento do recurso[55] ou o entendimento de que não se admite a regularização posterior, pela apresentação tardia do instrumento de mandato,[56] resta a sugestão de exibição da procuração ao recorrer.

5.2. Legitimidade passiva

O legitimado passivo no *habeas corpus* chama-se coator, pois é ele o responsável pelo constrangimento, ou risco de constrangimento, ao direito de ir, vir ou ficar do paciente.

---

[50] STJ, RHC 62404/SC, j.13.10.15. Mesmo sentido: STJ, RHC 59.642/SP, DJ 01.09.15; AgRg no RHC 57.452/SP, DJ 17.06.15.

[51] STJ, RHC n. 48.662/RS, j.09.06.15.

[52] STF, HC 73455 / DF, j. 25.06.96.

[53] STF, HC 86307 / SP, j.17.11.05.

[54] CONSTANTINO, Lúcio Santoro de. *Recursos Criminais, Sucedâneos Recursais Criminais e Ações Impugnativas Autônomas Criminais*. 4ª ed. Rev., Atual. e Ampl. Porto Alegre: Livraria do Advogado Editora, 2010.

[55] STJ, RHC 52.995/RJ, j.6/12/14. Mesmo sentido: STJAgRg nos EDcl no REsp 1216437/MG, j. 05.03.13; RHC 21.253/MG, 09.03.10.

[56] STJ AgRg no RHC 40.150/PE, j. 03.09.13.

Não se deve confundir o coator, ou seja, aquele que firma a coação, com o detentor, quem possui o indivíduo, ou com o executor, quem cumpre a ordem ilegal.

Aquino e Nalini referem:

"No concernente à legitimação passiva, nem sempre o detentor é o coator. Quase sempre, lembra Pontes de Miranda, é pessoa que cumpre ordens: carcereiro, diretor da prisão."[57]

Em termos de autoridade coatora, a diversidade é ampla. O Escrivão de Polícia, o Delegado de Polícia, o Oficial de Justiça, o Juiz de Direito, o Tribunal e até o próprio Ministério Público podem ser apontados como coator.[58]

5.2.1. O constrangimento pode ser promovido por particular?

Algumas vozes dão conta de que o *habeas corpus* somente poderá ser impetrado quando o coator for autoridade e não particular. Firmam-se no artigo 5º, LXVIII, da Constituição Federal, e que alinha o *habeas corpus* com a ilegalidade ou abuso de poder, e na Lei nº 4.989/65, alterada pela Lei nº 6.657/79 (referente ao abuso de autoridade), que conforme Meirelles considera:

"... autoridade todo aquele que exerce cargo, emprego ou função pública, de natureza civil ou militar, ainda que transitoriamente ou sem remuneração."[59]

Outrossim, gizam que o Código de Processo Penal, ao regrar o *habeas corpus*, refere-se ao coator como, e tão somente, autoridade. Tanto que o artigo 649 do CPP prescreve "autoridade coatora" e os artigos 650, § 1º; 653; 655; 660, § 5º; 662 e 665 usam a expressão "autoridade". E o particular não é autoridade. Ademais, afirmam que o particular jamais constrangeria à liberdade de locomoção, sem estar praticando crime de sequestro ou cárcere privado (artigo 148 do Código Penal), entre outros. Logo, uma vez que o particular constrangesse, não caberia *habeas* para devolver a liberdade à vítima, mas, sim, prisão em flagrante do agente.

E defendendo a ideia sobre a impossibilidade do particular ser coator, encontra-se Tornaghi:

---

[57] AQUINO, José Carlos G. Xavier de; NALINI, José Renato. Op. cit., p. 314.

[58] RTJ 140/683

[59] MEIRELLES, Hely Lopes. *Direito administrativo brasileiro*. 22.ed. São Paulo: Malheiros, 1997, p. 430.

"O *habeas corpus* só é cabível quando o coator exerce função (*latu senso*) pública. A coação exercida por um particular configurará o crime de cárcere privado (CP, artigo 148) ou de constrangimento ilegal (CP, artigo 146), ou de ameaça (CP, artigo 147), e as providenciais contra o coator devem ser pedidas à polícia."[60]

E seguem Aquino e Nalini:

"De qualquer forma, o coator haverá de ser autoridade pública, agente do governo. Pois quando a coação não deriva de atos de autoridade pública, não é o *habeas corpus* a medida a que se deve recorrer (STF, de 29.10.1910 e 12.5.1911)."[61]

Por sua vez, o Tribunal Regional Federal da 4ª Região, em julgamento, entendeu ser incabível a impetração de *habeas corpus* contra ato de particular quando a intervenção imediata da Polícia se demonstrasse suficiente para fazer cessar o constrangimento ilegal havido.[62]

Contudo, o entendimento predominante segue em linha totalmente oposta e admite o particular como coator. É que o Código de Processo Penal, ao regrar o *habeas corpus*, não afasta, expressamente, a possibilidade de o coator ser particular. E mais, o artigo 5º, LXVIII, da Constituição Federal tanto utiliza as expressões *abuso de poder* como *ilegalidade*, esta possível de ser praticada pelo particular.

Outrossim, o fato de se considerar como crime o ato do particular que ofende a liberdade de ir, vir e ficar de um indivíduo não impede a impetração de *habeas corpus*, remédio constitucionalmente estabelecido para tutelar este direito. Veja-se que a diligência policial jamais poderá ser obstáculo à impetração da ordem, sob pena de ofensa ao Princípio da Indeclinabilidade e que estabelece que nenhuma lesão ou ameaça de direito será privada de apreciação pelo Poder Judiciário. (artigo 5º, XXXV, da CF)

Para Mossin:

"O *remedium iuris* do *habeas corpus* não se projeta exclusivamente no campo penal ou processual penal, porquanto é ele cabível também na área *extra persecutio criminis*, visando tutelar o direito de liberdade corpórea do indivíduo quando estiver sendo lesada ou ameaçada de sê-lo abusivamente por qualquer pessoa, aqui se incluindo o particular, embora a matéria não seja pacífica. [...] nada mais curial e evidente que quando o ato do particular im-

---

[60] TORNAGHI, Hélio. Op. cit., p. 388.

[61] AQUINO, José Carlos G. Xavier de; NALINI, José Renato. Op. cit., p. 314-315.

[62] *Revista do Tribunal Regional Federal da 4ª Região*, Porto Alegre, a. 7, n. 23, p. 124-266, jan./mar., 1996.

plicar em coação ou sua ameaça ao direito de ir, vir e ficar do indivíduo o *habeas corpus* é o instrumento de direito constitucional a ser usado para fazer cessar aquele ato de constrangimento ou não permitir que o mesmo seja consumado."[63]

Magalhães Noronha comunga com o mesmo posicionamento ao dizer que:

"A nosso ver, condiz mais com a índole e a origem do instituto a opinião que amplia seu âmbito, para admiti-lo também contra o ato do particular."[64]

De nosso lado, acrescentamos que o *habeas corpus* é cabível contra ato de particular, pois a tradição de nosso sistema jurídico é de proteção dos direitos fundamentais e não seria lógico que a finalidade do remédio libertário restasse prejudicada por questões meramente formais envolvendo característica do coator. Ademais, a lei procedimental penal deve atentar à garantia do direito libertário e não beneficiar aqueles que o violam. Jardim escreve:

"... o Direito Processual Penal é comprometido com a questão da liberdade. Por isso, um código democrático há de ser informado pela necessidade de tutelar os direitos e garantias individuais ..."[65]

E nesta esteira, a jurisprudência tem assentado a possibilidade da impetração de *habeas corpus* diante do constrangimento exercido por particular.[66]

Alguns exemplos permitem maior esclarecimento sobre a possibilidade de *habeas corpus* contra ato de particular:

- empregado detido no imóvel rural até o pagamento de seus débitos, por ordem do patrão;
- hóspede preso no hotel, por não pagar diárias;
- paciente impedido de deixar o hospital, sem o pagamento das despesas de internamento.
- Paciente internado compulsoriamente.[67]

---

[63] MOSSIN, Heráclito Antônio. Op. cit., p. 66.

[64] NORONHA, Edgard Magalhães. Op. cit., p. 405.

[65] JARDIM, Afrânio Silva. *Direito processual penal*. 6.ed. Rio de Janeiro: Forense, 1997, p. 317.

[66] STJ, RHC 4.120/RJ, j.29/04/1996. Mesmo sentido: Revista dos Tribunais nº 305/79- Inclusive, esta revista apresenta julgado das Câmaras Conjuntas Criminais do TJ/SP, decidindo ser cabível o *habeas corpus* contra ato de particular e destacando que a doutrina que busca afastar este uso, em face da possibilidade de outros remédios jurídicos, não é ortodoxa.

[67] STJ, HC 35.301/RJ, j. 03/08/2004. Mesmo sentido: TJRS, HC 70062061353, j. 20/11/2014.

O próprio doutrinador Paulo Lúcio Nogueira refere sua experiência como juiz, ao conceder *habeas corpus* contra o diretor de um hospital psiquiátrico que mantinha internado indevidamente um indivíduo.[68]

5.2.2. O constrangimento pode ser promovido pelo Ministério Público?

O Ministério Público pode ser autoridade coatora, quando promover constrangimento, ou risco de constrangimento, ilegal à liberdade locomotora de alguém. Como exemplo, podemos citar a requisição de instauração de inquérito policial sem justa causa. Nestas situações, em se tratando de *parquet* com atribuição junto ao Juízo de primeiro grau o *habeas* deverá ser impetrado no Tribunal de 2°, mas, se suas funções estiverem vinculadas ao Tribunal, o *habeas* seguirá ao Tribunal superior respectivo.[69]

5.3. Legitimidade da intervenção do Ministério Público

Inexiste previsão legal para determinar a intervenção do Ministério Público *em habeas corpus* dirigido ao juiz singular de primeiro grau. Contudo, apesar do artigo 127 da Constituição Federal e que preceitua que o Ministério Público é instituição permanente, essencial à função jurisdicional do Estado e incumbida da defesa da ordem jurídica, dos interesses sociais e individuais indisponíveis, parece ser do direito consuetudinário a abertura de vista ao Promotor de Justiça para parecer. Porém, vale dizer, que nestes casos inexiste uma atividade postulatória por parte do *parquet*, mas, tão somente, exposição de opinião.

Já nos tribunais estaduais e federais a situação é diferente, pois existe previsão legal que determina a concessão de vista do *habeas corpus* ao Ministério Público (Decreto-Lei n° 552/69, artigo 1°). Outrossim, a lei orgânica do Ministério Público n° 8.625/93, em seu artigo 41, determina o exame dos autos do *habeas corpus* a ser julgado pelo colegiado.

---

[68] NOGUEIRA, Paulo Lúcio. *Curso completo de processo penal*. 4.ed. São Paulo: Saraiva, 1990, p. 373.

[69] RTJ 140/683.

5.4. Legitimidade da intervenção do assistente de acusação

Inexiste preceito legal para se permitir a intervenção do assistente de acusação no *habeas corpus*. Entretanto, como no procedimento de *habeas corpus* não existe contraditório, pois a matéria é de direito líquido e certo, ou seja, incontroversa, não há espaço para atuação de acusação ou assistente de acusação. E como o assistente de acusação tem atuação restrita à ação penal condenatória, como mero coadjuvante do Ministério Público, não há legitimidade para intervir no processo de *habeas corpus*. E assim, seguem julgados, salientando a impossibilidade de interferência do assistente de acusação no *mandamus*.[70]

Nesta esteira, inclusive, giza-se a súmula 208 do STF e que obstaculiza o interveniente assistente de recorrer, extraordinariamente, de decisão concessiva de *habeas corpus*.

Porém, é importante se destacar que se na causa-fonte, de onde emanou o ato considerado gerador do constrangimento ilegal, for reconhecido o legítimo interesse da vítima para figurar como assistente da acusação, é irrecusável que a mesma seja admitida.[71] Nesta esteira, poderíamos exemplificar o querelante, que intervém no *habeas* impetrado pelo querelado para trancar queixa-crime, a fim de noticiar fato ou situação jurídica omitida propositalmente no *mandamus*.

Entendemos que sendo o caso de prisão civil (alimentos), uma vez que esta custódia tem finalidade coercitiva, é possível se admitir a intervenção de terceiros no *habeas*, pois haverá cristalino interesse jurídico junto ao credor em compelir o paciente ao cumprimento da obrigação extrapenal.

---

[70] STJ, AgRg nos EDcl no RHC 505/SP, j.29.08.90. Mesmo sentido: RT590/359, RTJ 56/693, RTJ 126/154 e RT 666/352.

[71] RT533/393.

6. Possibilidade jurídica

Como regra, será possível juridicamente o pedido de *habeas corpus* sempre que estiver vinculado à tutela do direito de locomoção. Quando ausente ofensa ao *jus manendi, eundi* e *veniendi*, outros remédios deverão ser promovidos, entre os quais se destaca o mandado de segurança, para garantia do direito líquido e certo residual, não amparado por *habeas.*

Examinando-se a questão sob a ótica do pedido ou da causa de pedir, poderemos melhor delinear a possibilidade jurídica do *habeas*. Com relação ao pedido, a condição jurídica à sua interposição obriga a existência de uma pretensão para objurgar a ofensa direta ou indireta à liberdade locomotora, sem qualquer exceção legal impeditiva. Já no que tange à causa de pedir, a mesma deve vir relacionada à cristalina ausência de justa causa, relacionada com a ilegalidade.

Já com relação à impossibilidade jurídica do *habeas corpus*, destaca-se:

6.1. Impossibilidade jurídica face à punição disciplinar militar

O artigo 142, § 2º, da Constituição Federal determina expressamente que não caberá *habeas corpus* em relação a punições disciplinares militares. Desta forma, resta vedada a possibilidade de impetração de *habeas corpus* nos casos de transgressão disciplinar militar.[72] E tal proibição, outrossim, alcança a Polícia Militar, porque auxiliar do Exército, nos termos do artigo 144, §§ 5º e 6º, da Carta Política.

Ilustra-se que tal restrição ocorre em nome da proteção da hierarquia e da disciplina, princípios essenciais à estrutura e atividade

---

[72] *HABEAS CORPUS* – Inadmissível o *habeas corpus* em relação à punição aplicada, por autoridade competente e de acordo com o regulamento disciplinar, nos termos do art. 142 § 2º, da CF e da jurisprudência do excelso STF. (*Revista de Jurisprudência Penal Militar*, Porto Alegre, n. 329, p. 437, jul./dez., 1996).

militar. É que a prisão por punição disciplinar se caracteriza como forma de coação ao cumprimento da ordem, logo, se for admitida sua censura através do *habeas*, indiretamente se estará desrespeitando a ordem emitida e rompendo com a organização militar.

Ademais, é de se notar que no ambiente castrense diversos valores, em especial o ideário militar, são aquilatados de forma diferente daqueles existentes na esfera civil. Conforme professa Maynez

"En este orden jurídico especial la estimativa de la conducta militar es diferente de la civil, pues la ley castrense aprecia los más altos valores humanos en forma diversa y a veces antagónica a la del Código común, como ocurre, por ejemplo, tratándose de la vida, la libertad, el honor, la propiedad, el valor y la obediência."[73]

Por esta razão, se institui a impossibilidade jurídica de impetração do remédio heroico contra as punições disciplinares militares.

Contudo, é importante destacar que, sendo a punição por transgressão disciplinar militar um ato administrativo, a mesma necessita dos requisitos legais de competência, objeto, finalidade, forma e motivo. Logo, a existência de vício sobre estes requisitos permitirá a impetração e concessão da ordem de *habeas corpus* face ao flagrante desregramento junto ao direito administrativo. Nestas condições, por certo, não se discutirá o mérito da decisão administrativa, ou seja, da punição prisional, mas, sim, somente a legalidade formal do ato.

E neste seguem Cunha e Silva:

"Não se queira, porém, entender que, em se tratando de transgressão disciplinar, esteja afastada para sempre a hipótese do cabimento do *habeas corpus*. Na verdade, o que não comporta discussão judicial, quer no processo do *habeas corpus*, quer no decurso de ação ordinária, é a justiça ou injustiça da pena aplicada; mas a legalidade ou a constitucionalidade da punição jamais poderão deixar de ser objeto de apreciação judicial, seja o processo administrativo civil ou militar.

E quando se fala em legalidade, quer-se aludir a todos os pressupostos que dão legitimidade tanto ao processo administrativo quanto à pena já imposta ou na iminência de o ser. Assim, a constituição da comissão, a presença ou ausência de todas as formalidades previstas na lei reguladora da matéria (estatuto ou regulamento), a competência da autoridade que ordenou a prisão (se de prisão se tratar), bem como o excesso do prazo legal

---

[73] MAYNEZ, Eduardo Garcia. *Introduccion al estudio del derecho*. México: Editorial Porrua, 1984, p. 143.

da prisão e a não configuração ostensiva da justa causa para o constrangimento, excluídos, pois, os casos duvidosos ou que dependam de certa indagação."[74]

Por sua vez, Grinover, Fernandes e Gomes Filho professam:

"Entretanto, preconiza a melhor doutrina – desde os textos anteriores, que vedavam o *habeas corpus* mais amplamente nas transgressões disciplinares em geral – a proibição não é absoluta, devendo ser admitido o pedido quando se alegar incompetência da autoridade, falta de previsão legal para a punição, inobservância das formalidades legais ou excesso de prazo de duração da medida restritiva da liberdade. Se o simples rótulo de punição disciplinar pudesse afastar a garantia constitucional, estaria aberta a porta para os maiores abusos de poder e arbitrariedades.

Aliás, o próprio Código de Processo Penal Militar, ao tratar do remédio, no artigo 466, parágrafo único, *a*, excetua o caso de punição aplicada de acordo com os regulamentos militares. O que parece mais razoável é impedir, através do *habeas corpus*, o exame do mérito da punição disciplinar, não a análise de sua legalidade."[75]

Logo, é viável a impetração de *habeas corpus* contra o ato administrativo,[76] para verificação dos pressupostos legais[77] e não contra o mérito da punição por transgressão disciplinar militar.[78]

Destaca-se, ainda, que a Lei nº 6.880/80[79] em seu artigo 51 preceitua que o militar que se julgar prejudicado ou ofendido por qualquer ato administrativo ou disciplinar de superior hierárquico poderá recorrer ou interpor pedido de reconsideração, queixa ou representação, segundo regulamentação específica de cada Força Armada. Já o § 3º da aludida lei firma que o militar só poderá recorrer ao Judiciário após esgotados todos os recursos administrativos e deverá participar esta iniciativa, antecipadamente, à autoridade à qual estiver subordi-

---

[74] CUNHA, Mauro; SILVA, Roberto Geraldo Coelho da. Op. cit., p. 97.

[75] GRINOVER, Ada Pellegrini; GOMES FILHO, Antonio Magalhães; FERNANDES, Antonio Scarance. Op. cit., p. 349.

[76] RHC 219, TRF 5º Reg., RBCCrim 1/235. Mesmo sentido RHC1.375, STJ, DJU 16.10.91, p. 14.488.

[77] *HABEAS CORPUS* – Art. 142, § 2º, da CF – Impetração em favor de soldado de Polícia Militar, preso em decorrência de infração disciplinar – Remédio heroico conhecido unicamente para verificação dos pressupostos legais de ato impugnado – Inexistente ilegalidade no ato administrativo, que determinou a constrição da liberdade, denega-se a ordem – Decisão majoritária, com votos vencidos, que não conheciam da impetração. (*Revista de Jurisprudência Penal Militar*, Porto Alegre, n. 241, p. 320, jul./dez., 1999).

[78] HC 5397, STJ, DJU 4.8.97, p. 34649. Mesmo sentido: RHC 2047-0, STJ, DJU 12.04.93, p. 6.084.

[79] Estatuto Militar.

nado. Assim, desta forma, resta observado o artigo 5º, XXXV, CF e que expõe que a lei não excluirá da apreciação do Poder Judiciário lesão ou ameaça a direito.

6.2. Impossibilidade jurídica no estado de sítio

Sobre a (im)possibilidade da impetração do *habeas corpus* junto ao estado de sítio, deve-se atentar para a Constituição Federal:

Artigo 138. O decreto do estado de sítio indicará sua duração, as normas necessárias a sua execução e as garantias constitucionais que ficarão suspensas e, depois de publicado, o Presidente da República designará o executor das medidas específicas e as áreas abrangidas.

Artigo 139. Na vigência do estado de sítio decretado com fundamento no artigo 137, I, só poderão ser tomadas contra as pessoas as seguintes medidas: obrigação de permanência em localidade determinada; detenção em edifício não destinado a acusados ou condenados por crimes comuns; [...].

Segundo Ferreira Filho,[80] o estado de sítio trata-se de um momento de crise e suspensão de direitos.

Nesta esteira, é acordável a impossibilidade jurídica do *habeas corpus* no estado de exceção, em razão do afastamento provisório de garantias constitucionais em favor do bem comum e público que se encontra em perigo. E giza-se que este tipo de proibição esteve presente no tempo e no espaço das mais diversas e avançadas civilizações, e basta se lembrar, conforme Ruotolo, das guerras mundiais, guerras civis e, mais recentemente, dos ataques terroristas:

"Sospensioni o restrizio del diritto dell'inviduo a contestare la legittimità della detenzione si sono verificare in diversi momenti storici: in Gran Bretagna durante le due guerre mondiali e nel período de l" terrorismo" nord irlandese, negli Stati Uniti durante la guerra civile (1861), durante la seconda guerra mondiale e specie nei confronti degli stranieri, dopo gli attentati alle Twin Towers e al Pentagono, compiuti l'II settembre 2001 e rivendicati dall' organizzazione terroristica Al Qaeda."[81]

---

[80] FERREIRA FILHO, Manoel Gonçalves. *O Estado de Sítio*. São Paulo: Revista dos Tribunais, 1964.

[81] RUOTOLO, Marco. *Habeas corpus*, In Diritti Umani, cultura dei diritti e dignità della persona nell'epoca della globalizzazione. Direzione scientifica di Marcelo Flores. Coordinamento di Marcelo Flores, Tana Grioppi e Riccardo Pisillo Mazzeschi. Torino:Unione Tipografico-Editrice Torinese, 2007, p. 697.

Ilustra-se que, nestas ocasiões excepcionais, o ataque à liberdade de locomoção do indivíduo e a própria custódia não estão vinculadas ao comum cenário criminal. Conforme Pacheco,[82] o decreto de estado de sítio pode obrigar que pessoas residam em lugares determinados ou fiquem detidas em edifícios não destinados aos réus de crimes comuns, com a suspensão de outras liberdades, enquanto durar a situação.

Contudo, a impossibilidade jurídica vinculada ao *habeas corpus* no estado de sítio deve ser vista com reservas, para evitar assunção de arbitrariedades. Ou seja, a ilegal ofensa à liberdade de locomoção e que não esteja obstaculizada no decreto sitiante deve admitir o *mandamus*. Ora, se a prescrição sobre o estado de sítio não reclama condutas específicas, ou seja, se não exige determinados comportamentos, não há razão para o afastamento do remédio heroico em favor da proteção das condutas permitidas. E a referência sobre a indicação das – *garantias constitucionais que ficarão suspensas* – não determina, por si só, o abandono absoluto do *habeas*.

---

[82] PACHECO, J. E. Carvalho. *Habeas corpus*. 4.ed. Paraná: Juruá, 1977.

7. Interesse de agir

O interesse de agir nasce com a existência de uma ofensa contra a liberdade de locomoção do indivíduo. E resta vinculado à necessária obtenção de providência jurisdicional do Estado para afastar a ilegalidade. Nesta esteira, é possível se depreender a existência de dois interesses: um primário e outro secundário. O interesse primário reflete-se no aspecto substancial, ou seja, a pretensão em afastar a lesão ao direito. Trata-se do interesse que quer proteger o direito existente. Já o interesse secundário está jungido à efetiva providência jurisdicional, cabível para tutelar o interesse primário. Revela-se como o instrumento jurídico, ou seja, o próprio *habeas corpus*.

Desta forma, resta o interesse de agir, seja primário ou secundário, jungido ao afastamento, e sua efetividade, da liberdade de locomoção.

7.1. Falta de interesse de agir

Como visto, o interesse de agir nasce com a existência de uma ofensa contra a liberdade de locomoção do indivíduo e está vinculado a necessária obtenção da providência jurisdicional do Estado para afastar a ilegalidade.

Logo, não havendo constrangimento, na sua forma concreta ou iminente de violência ou coação, ou risco de constrangimento à liberdade locomotora, no molde da possibilidade, inexistirá o interesse de agir. E, outrossim, se a ofensa à liberdade não existe mais, ou seja, se já restou cessada a ilegalidade à liberdade de deambular, evidentemente faltará interesse de agir e o julgamento do *habeas corpus* restará prejudicado.[83]

---

[83] *HABEAS CORPUS* – Cessada a coação, depois de impetrada a ordem, julgam prejudicada a impetração (Revista de Jurisprudência do Estado do Rio Grande do Sul, RJ TJRGS 170/70).
HABEAS CORPUS – Encontrando-se o paciente em liberdade, sem prejuízo da ação penal a que responde pelo crime de deserção, torna-se sem objeto a impetração (Revista de Jurisprudência Penal Militar, Porto Alegre, n.307, p. 437, jul./dez.

Existe entendimento de que, se o autor não escolhe corretamente o instrumento de provocação jurisdicional, resta prejudicada sua pretensão por falta de interesse de agir. E, neste sentido, segue Albuquerque Rocha, para quem o interesse de agir está vinculado à adequada tutela judicial.[84] Já em sentido contrário, segue a orientação de que, se o demandante não utiliza o instrumento correto para sua pretensão, isto não significa falta de interesse. Para Didier Jr. é equivocado se pensar que uma pessoa não tenha interesse em determinada providência, só porque utiliza da via inadequada.[85] Contudo para nós, interesse de agir é sinônimo de interesse/adequação, já que é essencial que o interesse de agir esteja perfeitamente adaptado a instrumentalidade impugnativa, tanto que a falta desta resultará na inviabilidade daquele. É inútil se ter interesse em agir, sem possibilidade de materializá-lo. Assim, se o *habeas corpus* resta vinculado à proteção do direito líquido e certo de locomoção, uma vez inviável este instrumento, restará ausente o interesse de agir, por falta de interesse/adequação.

E seguem-se alguns exemplos de falta de interesse de agir:

- para trancar ação, cujo arquivamento já foi determinado pelo juiz;[86]
- para eximir o paciente do pagamento de custas processuais, quando não há atentado contra a liberdade de locomoção (Súmula 395 do STF);
- paciente já beneficiado com a liberdade provisória;[87]
- excesso de prazo na conclusão do inquérito, quando o mesmo é concluído antes da impetração;[88]
- quando extinta a punibilidade[89] (Súmula 695 do STF);
- quando se pretende atacar matéria não decidida na instância ordinária;[90]
- quando se trata de decisão condenatória de multa ou relativo a processo em curso cuja única pena seja pecuniária (Súmula 693 do STF).

---

[84] ROCHA, José Albuquerque. *Teoria geral do processo*. 3. ed. São Paulo: Malheiros, 1996.

[85] DIDIER JR., Fredie. *Curso de direito processual civil*. 9. ed. Salvador: JusPodivm, v. 1, 2008.

[86] *HABEAS CORPUS* – TJ-DF – Diversos do Juizado Especial DVJ 20130020290408 DF 0029040-07.2013.8.07.0000 (TJ-DF) Data de publicação: 31/03/2014.

[87] *HABEAS CORPUS* – TJ TJ-CE, HC 06222146920158060000 CE 0622214-69.2015.8.06.0000, p.3/6/2015.

[88] *HABEAS CORPUS* – TJ-RN, HC 110549 RN 2011.011054-9 (TJ-RN), p. 30.11.2011.

[89] *HABEAS CORPUS* – TJ-RS,HC 70056095961, j.23/8/2013.

[90] *HABEAS CORPUS* – STJ, HC 140329 RS 2009/0123631-9, j. 19/10/2009.

7.2. Direito líquido e certo

A origem da perífrase *direito líquido e certo* não tem berço legal. Segundo professa Barbi:

"[...] não foi criada pelo legislador constituinte nem pelo legislador ordinário. Limitaram-se eles a buscá-la na jurisprudência do Supremo Tribunal Federal, onde a introduzira Pedro Lessa, ao tempo da formulação da doutrina brasileira do *habeas corpus*, e para aplicação a este."[91]

Ademais o circunlóquio *líquido e certo* não é perfeitamente técnico para o que se propõe, razão que a expressão cunhada não é totalmente feliz. Conforme Sidou:

"É sem dúvida uma locução ao mesmo tempo pobre, redundante e vaga."[92]

É que quando se diz sobre direito líquido e certo o que realmente se busca explicitar é aquele direito que se apresenta de forma manifesta na existência, delimitado na extensão e comprovado de plano. Significa dizer, o direito visualizado imediatamentente e incontroverso.

Por esta razão é que, em ocorrendo controvérsia ou *quaestiones facti* de alta indagação, resta impedido o *habeas* e será cabível recurso ordinário[93] ou outras medidas que admitem exame profundo.

E não poderia ser diferente, pois sendo o *habeas corpus* uma ação impugnativa autônoma com processamento simples e sumário, jamais poderia absorver matéria de difícil complexidade. E neste sentido se tem entendido que resta inadmissível o *habeas* face aos seus estreitos limites.[94]

Por esta razão, o direito líquido e certo deve estar presente e ser revelado na impetração do *habeas corpus*.[95]

---

[91] BARBI, Celso Agrícola. *Do Mandado de Segurança*. Rio de Janeiro: Forense, 1997, p. 49.

[92] SIDOU, J. M. Othon.*Habeas Corpus, Mandado de Segurança, Mandado de Injunção, Habeas Data, Ação Popular*. 5ª ed. Rio de Janeiro: Forense, 1998, p. 142.

[93] *Revista de Jurisprudência Penal Militar*, Porto Alegre, n. 298, p. 436, jul./dez., 1996.

[94] *Revista de Jurisprudência Penal Militar*, Porto Alegre, n. 331, p. 436, jul./dez., 1996.

[95] "HABEAS CORPUS- TJ-RS, HC 70064768948, j. 19/08/2015.

8. Cabimento

Como o *habeas corpus* direciona-se para garantir a liberdade da pessoa humana, seu cabimento é amplo. Conforme Feinman,[96] serve para todos os propósitos que desafiem um encarceramento.

O artigo 648 do CPP refere as hipóteses de cabimento do *habeas corpus*, preceituando:

"A coação considerar-se-á ilegal:

I – quando não houver justa causa;

II – quando alguém estiver preso por mais tempo do que determina a lei;

III – quando quem ordenar a coação não tiver competência para fazê-lo;

IV – quando houver cessado o motivo que autorizou a coação;

V – quando não for alguém admitido a prestar fiança, nos casos em que a lei a autoriza;

VI – quando o processo for manifestamente nulo;

VII – quando extinta a punibilidade."

Inicialmente, é de se examinar a perífrase *a coação considerar-se-á ilegal* trazida pelo *caput* do artigo 648 do CPP.

É que o artigo 5º, LXVIII, da Constituição Federal prevê: "Conceder-se-á *habeas corpus* sempre que alguém sofrer ou se achar ameaçado de sofrer violência ou coação em sua liberdade de locomoção, por ilegalidade ou abuso de poder". Por sua vez, o artigo 647 do CPP prescreve: "Dar-se-á *habeas corpus* sempre que alguém sofrer ou se achar na iminência de sofrer violência ou coação ilegal na sua liberdade de ir e vir, salvo nos casos de punição disciplinar". Já o artigo 648 do CPP preceitua a coação e suas espécies.

Assim, ressalta aos olhos que em um momento o legislador usa, para estabelecer o *habeas corpus*, as expressões *violência* e *coação* e, em outro momento, apenas a *coação*.

---

[96] FEINMAN, Jay M. *Law 101*. Fourth edition. Oxford University Press, New York, 2014, p. 342.

Veja-se que *violência* e *coação* são vocábulos distintos. Pois *violência* é a agressão física, enquanto que *coação* é o ato do agente que força a vítima a fazer ou deixar de fazer algo. Conforme Tourinho Filho:

"A violência é a *vis absoluta*, que se traduz num constrangimento físico, efetivo ou iminente (prisão, cárcere privado, sequestro) e coação, na lição de Hungria, é o constrangimento de alguém, por meios físicos ou morais, a um *facere*, ou a um *non facere* (cf. Comentários, cit., v.1, t.1, p. 251). Ambas geram um constrangimento."[97]

Desse modo, exemplificando, se "A" algemar "B", haverá violência. Entretanto, se "A" determinar que "B" se algeme, haverá coação.

Então, resta a pergunta: o artigo 648 do CPP, ao se referir, apenas, a *coação*, efetivamente excluiu a violência? Evidentemente que não! Muito embora a distinção entre *violência e coação*, além do fato do artigo 648 do CPP apenas se referir a coação, é de se interpretar que esta última expressão, no ambiente do cabimento do *habeas*, vem dotada de maior amplitude, de forma a incluir qualquer constrangimento ilegal ou risco de constrangimento ilegal à liberdade de locomoção. E não poderia se interpretar diferente, para a satisfação da tutela dos direitos e garantias fundamentais do indivíduo em um Estado Democrático de Direito.

8.1. Quando não houver justa causa

A justa causa (*justus*, do latim, significa legal e *causa*, motivo) são os aspectos fáticos e jurídicos que se encontram de acordo com o que é adequado. Por esta razão, que justa causa é o motivo certo.

Assim, a atipicidade material (desregramento penal) e a atipicidade formal (inobservância da norma processual), quando graves, revelam ausência de justa causa. E nestes casos, frente ao constrangimento ilegal, ou ao risco de constrangimento ilegal, é cabível o *habeas corpus*. Imagine-se, como exemplo, alguém sofrendo ação penal por fato não criminoso[98] ou sendo preso por decisão não fundamentada.[99]

---

[97] TOURINHO FILHO, Fernando da Costa. Op. cit., p. 459.

[98] AUSÊNCIA DE JUSTA CAUSA – Homicídio Culposo – Ação Penal – Trancamento – Paciente denunciado como coautor do delito em face de entregar máquina agrícola a empregado não habilitado – Exigência legal inexistente no sentido de possuir habilitação para condução de dito veículo, a não ser quando em trânsito por vias terrestres –Acidente ocorrido dentro da propriedade do paciente – Conduta atípica – Inexistência de previsão legal – Falta de justa causa – Constrangimento ilegal configurado – Concessão da ordem – Inteligência do art. 80 do CTN e do art. 1º do CP. (TJRS. Jurisprudência Brasileira Criminal, Ed. Juruá, n.32, p. 166, 1993). No mesmo sentido: *HABEAS CORPUS* – Impetração do *writ*, visando ao trancamento da ação penal, por ausência de

Giza-se que muitas vezes se torna necessário um exame axiológico mais atencioso por parte do julgador, para a necessária interpretação da justa causa. Cunha e Silva ensinam:

"Todavia, nem sempre será bastante confrontar o motivo da coação com o mero preceito legal – vale dizer: por vezes haverá um juízo de valor por parte do magistrado para estabelecer que, malgrado a aparência de legalidade, inexiste justa causa para o constrangimento."[100]

Por esta razão, o exame da aparência do caso concreto, através da prova, é que definirá o conhecimento e existência da justa causa.

Conforme Foppel e Santana:

"... a afirmação da existência ou não de justa causa para a persecução penal não é possível sem o exame de prova. E se o habeas corpus se presta a trancar a investigação ou a ação penal carente de lastro probatório mínimo (justa causa) é insofismável a necessidade de apreciação da prova existente."[101]

Carente o pedido de límpida e cristalina justa causa, prejudicado estará o *habeas*.

8.1.1. Justa causa para prisão

Justa causa haverá para a prisão do indivíduo no caso de flagrante delito ou por ordem do juízo, de forma escrita e fundamentada.[102] E nesta esteira prescreve o artigo 5º, LXI, da Constituição Federal: "Ninguém será preso senão em flagrante delito ou por ordem escrita e fundamentada de autoridade judiciária competente, ...".

---

justa causa, em face da atipicidade do fato pela inexistência de dolo ou em virtude da presença de excludente da antijuridicidade como o estrito cumprimento do dever legal – Liminar deferida, à unanimidade, com concessão da ordem de *habeas corpus* para trancamento da ação penal. *Revista de Jurisprudência Penal Militar*, Porto Alegre, n. 248, p. 320, jul./dez., 1999.

[99] HABEAS CORPUS – Prisão Preventiva. Despacho judicial impositivo da medida excepcional desprovido de fundamentação (art. 93, inc. IX, da CF) quanto à presença dos requisitos do art. 312 do CPP. Concederam a ordem, ratificando a liminar anteriormente deferida. Unânime. (RJTJRGS 192/67).

[100] CUNHA, Mauro; SILVA, Roberto Geraldo Coelho da. Op. cit., p. 7778.

[101] FOPPEL, Gamil; SANTANA, Rafael. *Habeas Corpus in Ações Constitucionais*. Fredie Didier Jr., organizador, 6ª ed. Salvador: Editoria Jus Podium, 2012, p. 60.

[102] "*HABEAS CORPUS* – Prisão Preventiva. Despacho judicial impositivo da medida excepcional desprovido de fundamentação (art. 93, inc. IX, da CF) quanto à presença dos requisitos do art. 312 do CPP. Concederam a ordem, ratificando a liminar anteriormente deferida. Unânime" (*Revista de Jurisprudência do Estado do Rio Grande do Sul*, RJ TJRGS 192/67).

Por isso que as famosas prisões para *averiguações* ou *investigações policiais*, promovidas por autoridades sem jurisdição, deixaram de ter legalidade em face da Constituição, carecendo de justa causa.

Outrossim, a prisão administrativa e o próprio artigo 650, § 2º, do Código de Processo Penal, que refere a impossibilidade jurídica de *habeas corpus* contra prisão administrativa, restaram prejudicados em face da Constituição e de seu artigo 5º, LXI, CF. Significa dizer que este tipo de prisão não possui justa causa.

E seguem exemplos de prisões sem justa causa:

• quando alguém for preso em lugar de outro;
• quando alguém for preso por inadimplência civil não alimentar.

Com relação à prisão preventiva, a mesma vem prevista nos artigos 311 e seguintes do CPP, e será cabível quando houver prova da existência do crime e indícios suficientes da autoria, e servir para garantir a ordem pública, a ordem econômica, a conveniência da instrução criminal ou para assegurar a aplicação da lei penal. Desta forma, uma vez carente estas situações, faltará justa causa à prisão.

Entretanto, outras situações revelam a falta de justa causa para a preventiva, pois não poderão ser presos os inimputáveis (menores, loucos, etc.), os agentes diplomáticos (artigo 29, Decreto nº 56.435/65), o Presidente da República (artigo 86, § 3º, da CF), o indivíduo cuja prova demonstrar ter agido sob o pálio da exclusão de ilicitude (artigo 314 do CPP), entre outros. Também, não caberá a prisão preventiva no Juizado Especial Criminal. Em havendo prisão nestas condições, o *habeas* deverá ser impetrado.

Já a prisão temporária vem prevista na Lei nº 7.960/89 e caberá quando existirem demonstrações do crime e de sua autoria e quando for imprescindível para as investigações do inquérito policial; quando o indiciado não tiver residência fixa ou não fornecer elementos necessários ao esclarecimento de sua identidade; quando houver fundadas razões, de acordo com qualquer prova admitida na legislação penal, de autoria ou participação do indiciado nos crimes arrolados pela aludida lei. Porém, não caberá temporária aos crimes culposos e às contravenções penais e, diferentemente da preventiva, a prisão temporária não poderá ser decretada pelo juiz *ex officio*. Logo, uma temporária que não observe o rosto da lei, autoriza *habeas*.

Com relação à prisão em flagrante (artigos 301 e seguintes do CPP), existem situações que a mesma é incabível. Veja-se que não poderão ser presos em flagrante: os inimputáveis (menores, loucos, etc.); o autor de crime de menor potencialidade ofensiva e que assuma o compromisso (artigo 69, parágrafo único, da Lei n° 9.099/95); o condutor do veículo nos casos de acidentes de trânsito, que resulte vítima, se aquele prestar pronto e integral socorro (artigo 301 da Lei n° 9.503/97); o Presidente da República (artigo 86, § 3°, da CF); os magistrados nos crimes afiançáveis (artigo 33, II, da Lei Complementar n° 35/79); os membros do Ministério Público nos crimes afiançáveis (artigo 40, III, da Lei n° 8.625/93); os membros do Congresso Nacional nos crimes afiançáveis (artigo 53, § 2°, da CF) e Deputados Estaduais, nos crimes afiançáveis (artigo 27, § 1°, e artigo 53, § 2°, da CF); os agentes diplomáticos (artigo 29, Decreto n° 56.435/65). Outrossim, aquele que adquirir, guardar, tiver em depósito, transportar ou trouxer consigo, para consumo pessoal, drogas sem autorização ou em desacordo com determinação legal ou regulamentar, ou para seu consumo pessoal, semeia, cultiva ou colhe plantas destinadas à preparação de pequena quantidade de substância ou produto capaz de causar dependência física ou psíquica (artigo 28, § 1°, da Lei n° 11.343/06) não será preso em flagrante. (artigo 48, § 2°, da Lei n° 11.343/06)

Com o advento da Lei n° 11.689/08 a prisão por sentença de pronúncia deixou de existir. É que o atual artigo 413, § 3°, do CPP estabelece que o juiz, fundamentadamente, pronunciará o acusado e decidirá, motivadamente, sobre a necessidade da decretação da prisão.

Também, com a Lei n° 11.719/08 a prisão por sentença condenatória não transitada em julgado restou afastada. Logo, se o juiz, frente ao artigo 387, parágrafo único, do CPP, condenar o réu e, somente por isso, impor prisão preventiva, faltará justa causa para a mesma. Salienta-se que neste caso é de se impetrar *habeas corpus* contra a prisão e se interpor recurso de apelação contra a condenação, já que se compreende matérias distintas e independentes. E nesta esteira, tem se admitido *habeas* contra prisão determinada em sentença passível de apelação.[103]

Veja-se, ainda, que a prisão decretada não mais repercutirá na questão da admissibilidade da apelação. Ou seja, se o réu for condenado e, em razão de sua decretação de prisão, fugar, seu escape não determinará deserção no eventual recurso de apelação que venha a interpor.

A Lei n° 4.737/65 (Código Eleitoral), em seu artigo 236, estabelece que nenhuma autoridade poderá, desde cinco dias antes e até quarenta e oito horas depois do encerramento da eleição, prender ou deter qualquer eleitor, salvo em flagrante delito ou em virtude de sentença criminal condenatória por crime inafiançável, ou, ainda, por

---

[103] TJ/RS, 70067097562, j.26.11.15. Mesmo sentido: 70066555103, j.25.11.15.

desrespeito a salvo-conduto. Desta forma, por exemplo, uma vez que pendente prisão preventiva contra o indivíduo, o mesmo não poderá ser preso quando estiver votando.

A Lei nº 12.403/14 firmou as medidas cautelares restritivas de liberdade, como alternativas à prisão. Muito embora, como bem refere Nucci,[104] estas medidas já estivessem presentes em outros institutos, seja como condição para o cumprimento da pena no regime aberto, gozo de suspensão condicional do processo ou livramento condicional, é fato que as mesmas foram amplificadas para substituírem o cárcere provisório. E, segundo Bottini,[105] trata-se de uma gama de medidas cautelares pessoais diferentes da prisão para assegurar a ordem processual.

E se o artigo 318 do CPP preceitua que poderá o juiz substituir a prisão preventiva pela domiciliar quando o agente for maior de 80 anos, extremamente debilitado por doença grave; imprescindível aos cuidados especiais de pessoa menor de 6 (seis) anos de idade ou com deficiência; gestante a partir do sétimo mês de gravidez ou sendo esta de alto risco; observa-se que o artigo 319 do CPP ampliou as possibilidades de substituição da custódia, ao prescrever:

- comparecimento periódico em juízo, no prazo e nas condições fixadas pelo juiz, para informar e justificar atividades;
- proibição de acesso ou frequência a determinados lugares quando, por circunstâncias relacionadas ao fato, deva o indiciado ou acusado permanecer distante desses locais para evitar o risco de novas infrações;
- proibição de manter contato com pessoa determinada quando, por circunstâncias relacionadas ao fato, deva o indiciado ou acusado dela permanecer distante;
- proibição de ausentar-se da Comarca quando a permanência seja conveniente ou necessária para a investigação ou instrução;
- recolhimento domiciliar no período noturno e nos dias de folga quando o investigado ou acusado tenha residência e trabalho fixos;
- suspensão do exercício de função pública ou de atividade de natureza econômica ou financeira quando houver justo receio de sua utilização para a prática de infrações penais;

---

[104] NUCCI, Guilherme de Souza. *Manual de Processo e Execução Penal* – 10 ed. rev., atual e ampl. – São Paulo : Editora Revista dos Tribunais, 2013.

[105] BOTTINI, Pierpaolo Cruz. MEDIDAS CAUTELARES PENAIS (LEI 12.403/11): Novas regras para a prisão preventiva e outras polêmicas. Revista Eletrônica de Direito Penal. Ano 1. Vol. 1. N. 1. Junho/2013, p. 265. Acesso em 07.12.15: file:///C:/Users/usuario/Downloads/7152-25348-1-SM.pdf.

- internação provisória do acusado nas hipóteses de crimes praticados com violência ou grave ameaça, quando os peritos concluírem ser inimputável ou semi-imputável (artigo 26 do Código Penal) e houver risco de reiteração;
- fiança, nas infrações que a admitem, para assegurar o comparecimento a atos do processo, evitar a obstrução do seu andamento ou em caso de resistência injustificada à ordem judicial;
- monitoração eletrônica.

Assim, e na esteira do artigo 321 do CPP, ausentes os requisitos que autorizam a decretação da prisão preventiva, o juiz deverá conceder liberdade provisória, impondo, se for o caso, as medidas cautelares previstas no artigo 319 deste Código (sempre observados os critérios constantes do artigo 282 do CPP, cujo § 6º refere que a prisão preventiva será determinada quando não for cabível a sua substituição por outra medida cautelar).

As medidas alternativas não seguem elenco de graduação ou proporcionalidade, logo a opção dependerá do exame da necessidade para aplicação da lei penal, para a investigação ou a instrução criminal e, nos casos previstos, para evitar a prática de infrações penais, sempre observando sua adequação junto à gravidade do crime, circunstâncias do fato e condições pessoais do indiciado ou acusado (artigo 282, I e II, do CPP). Outrossim, poderão ser aplicadas isolada ou cumulativamente e serão decretadas pelo juiz, de ofício ou a requerimento das partes ou, quando no curso da investigação criminal, por representação da autoridade policial ou mediante requerimento do Ministério Público. (artigo 282, § 6º, do CPP). Logo, só poderão ser determinadas de ofício pelo Juiz durante a fase processual.

Nesta esteira, uma vez cabíveis as medidas alternativas, há falta de justa causa para a custódia do indivíduo. E seguem decisões em *habeas* impondo as medidas cautelares diversas da segregação.[106]

8.1.2. Justa causa para inquérito policial

O inquérito é um procedimento persecutório de caráter administrativo. Revela-se como pesquisa criminal. Sua finalidade é, conforme prevê a segunda parte do artigo 4º do CPP, "a apuração das infrações penais e da sua autoria".

---

[106] TJRS, HC 70067078485, j. 26/11/2015. Mesmo sentido: HC 70067074906, j. 26/11/2015 e STJ, HC 322.227/SP, j. 17/09/2015.

Assim, à primeira vista, sendo o inquérito uma peça meramente informativa, poderia não parecer viável que pudesse ser objurgado via *habeas corpus*. Contudo, existem cristalinas situações para se impetrar *habeas* contra o inquérito, principalmente por falta de justa causa. Veja-se que faltará motivo legal ao expediente policial quando o mesmo não observar sua finalidade, deixando de apurar infração penal ou autoria, ou quando passar a investigar situação já resolvida pela extinção de punibilidade. Outrossim, não haverá justa causa para instauração do inquérito policial, quando carecer de requerimento por quem tenha legitimidade para ingressar com a ação (ação privada ou pública condicionada).

No caso de falta de justa causa em face de atipicidade material, é didático o exemplo do *habeas corpus* impetrado pela prostituta para exercitar seu *trottoir*. Conforme Mirabete:

"O simples *trottoir*, ainda não é prostituição. E quando o fosse, não seria crime. Lenocínio, sim, é crime; prostituição, não, é fato atípico. Assim, embora em princípio a Polícia possa estabelecer certas restrições a essa prática, não lhe é lícito, sem apontar o título em que se funda, prender aquela que se entrega a essa prática sem que haja causa de flagrante delito."[107]

De outro lado, descabe a prisão da pessoa que exerce a prostituição, sob alegação de vadiagem, pois tratam-se de condutas distintas, e aquela é atípica penalmente.

Alguns exemplos demonstram casos em que não haverá justa causa para o inquérito policial, sendo possível a impetração do remédio heroico:

- quando evidente a impossibilidade do indivíduo ter sido autor do fato delituoso;
- quando o fato for atípico;[108]
- quando estiver extinta a punibilidade.

8.1.3. Justa causa para ação penal

Outrossim, o trancamento da ação penal é viável mediante o remédio de *habeas corpus*. Contudo, é mister examinar a ideia ação penal.

---

[107] MIRABETE, Julio Fabbrini. *Processo penal*. Op. cit., p. 718.

[108] Exemplo interessante é o caso do cheque. Como título cambiariforme, ordem de pagamento à vista, sua frustração poderá tipificar o estelionato. Ocorre que, se o título apenas serviu como garantia de dívida em negociação, não há como se configurar o crime de estelionato. A súmula 246 do STF firma que comprovado não ter havido fraude, não se configura o crime de emissão de cheque sem fundos. Logo, cabível *habeas* para trancar investigação penal, por aticipidade material.

Conforme Boschi[109] a ação trata-se de direito subjetivo público e que busca exigir, através do processo, a manifestação da jurisdição sobre uma pretensão. Esse direito é assegurado aos indivíduos e também ao Estado-Administração, para poder cumprir sua função de fazer valer a supremacia da ordem jurídica sobre o crime e, assim, viabilizar condições para a segurança e o bem-estar geral de todos.

Desta forma, devem ser examinados os aspectos necessários para o exercício regular de uma ação penal.

8.1.3.1. Exercício regular de uma ação penal

Os pressupostos processuais para o exercício da ação penal vinculam-se à existência e validade da relação processual e podem ser subjetivos (relativos ao juiz e às partes) e objetivos (condições e formalidade). Quando objetivos, se dividem em extrínsecos, em razão da ausência de fatos impeditivos, e em intrínsecos, em face da regularidade formal. Assim, é essencial o exame da possibilidade jurídica do pedido (admissão pelo direito), do interesse em agir (necessidade, adequação e utilidade) e da legitimidade.

Logo, sempre que a ação penal for promovida apresentando deficiência ao seu exercício regular, será possível *habeas corpus* a fim de fazer cessar o potencial constrangimento à liberdade de locomoção.

8.1.3.2. Rejeição à denúncia ou queixa

Se a peça inaugural de uma ação penal não for capaz de garantir as condições da ação, a mesma restará prejudicada. Neste sentido, o artigo 395 do CPP preceitua que a denúncia ou queixa será rejeitada quando for manifestamente inepta, faltar pressuposto processual ou condição para o exercício da ação penal ou faltar justa causa para o exercício da ação penal.

- for manifestamente inepta: a acusação deve obedecer aos ditames do artigo 41 do CPP, sob pena de inépcia. Logo, a peça acusatória deve conter a exposição do fato delituoso em toda a sua essência e com todas as suas circunstâncias.[110] Denúncias genéricas que não descrevam os fatos na sua devida conformação não se coadunam com os postulados básicos do Estado de

---

[109] BOSCHI, José Antônio Paganella. *Ação penal*. Rio de Janeiro: Aide, 1997, p. 26.

[110] STF, HC 73.271/SP, DJU de 04/09/1996.

Direito.[111] A inépcia da denúncia caracteriza situação configuradora de desrespeito estatal ao postulado do devido processo legal.[112] Assim, a exordial acusatória deve se apresentar com uma narrativa congruente dos fatos,[113] de modo a permitir o pleno exercício da ampla defesa,[114] descrevendo conduta que, ao menos em tese, configure crime.[115] Giza-se, ainda, que a acusação deve trazer a qualificação do acusado ou esclarecimentos pelos quais se possa identificá-lo, sob pena de mácula insanável.

- faltar pressuposto processual ou condição para o exercício da ação penal: pressupostos processuais vinculam-se à existência e validade da relação processual. Podem ser subjetivos (relativos ao juiz e às partes) e objetivos extrínsecos (ausência de fatos impeditivos) ou objetivos intrínsecos (regularidade formal). Deve-se atentar para possibilidade jurídica do pedido (admissão pelo direito), interesse em agir (necessidade, adequação e utilidade) e legitimidade.
- faltar justa causa para o exercício da ação penal: é a ausência de motivo adequado, razão que não há como se justificar a ação. Exemplifica-se com a denúncia ofertada e que não se firma em um ínfimo apoio probatório, caracterizando carência de *fumus bonis iuris* ou plausibilidade do direito invocado.

Se a inicial é inepta ou faltar pressuposto processual ou condição ou justa causa para o exercício da ação penal, temos carência e impossibilidade de se prosseguir na ação. Cabível *habeas* para trancamento.

8.1.3.3. Adequado processo legal

A formalidade dos atos processuais deve estar em perfeita sintonia com o direto, para não ofender o princípio constitucional do devido processo legal. Em caso de grave desrespeito à norma processual, haverá mácula a prejudicar o feito. Nesta esteira, é imperiosa a promoção de um prudente exame sobre a formalidade, à luz do princípio da razoabilidade. Por esta razão, que o *devido processo legal*, outrossim, pode ser chamado de *adequado processo legal*, já que permitirá uma avaliação axiológica sobre a ambientação processual.

---

[111] STF, HC 86.000/PE, DJU de 02/02/2007.
[112] STJ, HC 103924/SP, DJU de 10/11/2008.
[113] STF, HC 88.359/RJ, DJU de 09/03/2007.
[114] STF, HC 88.310/PA, DJU de 06/11/2006.
[115] STF, HC 86.622/SP, DJU de 22/09/2006.

Já no que tange especificamente ao procedimento, o mesmo, como aparência extrínseca da funcionalidade de atos formais, caracterizado pela movimentação dos atos processuais, terá papel essencial na *persecutio criminis* para permitir o legal decisório. Professa Marques:

> "O procedimento nulo pela falta ou omissão de ato ou termo considerado essencial impede o julgamento do *meritum causae*.
> Ocorre, nesse caso, o *error in procedendo* como fator impeditivo da decisão da pretensão punitiva. Falta, assim, uma relação processual válida, ou regularmente desenvolvida, que torne admissível a entrega da prestação jurisdicional. O julgamento de mérito não pode ser proferido por ausência de um ou mais pressupostos processuais".[116]

Nesta esteira, a observância das normas formais criminais, próprias do procedimento penal, é imperiosa para dar validade ao processamento.

8.1.3.4. Acusação e fumaça de bom direito

Para que uma acusação criminal seja admitida, é essencial a presença de uma probabilidade de razão, firmada em um mínimo elemento probatório.[117] É que uma vez que a arguição acusativa não venha acompanhada de *fumus boni iuris*, ou seja, de demonstração suficiente da existência do crime e de sua autoria, capaz de ser percebida em exame perfunctório, não há como se justificar a existência da gravosa pretensão penal contra alguém.

Assim, a acusação deve ser promovida forte em algum amparo probatório, de forma que evite descomedimento e injustiças. Para Heleno Fragoso:

> "A denúncia não pode ser um ato de arbítrio e prepotência. O M.P. não funciona como uma espécie de inquisidor-mor, que possa trazer ao banco dos réus, num Estado democrático, o cidadão, inventando em relação a ele um crime que não houve ou que ele evidentemente não praticou, ainda que a denúncia seja formalmente incensurável".[118]

Por certo, que a condição de um ínfimo probatório para a acusação dar início à ação não se compara com a exigência de prova definitiva e acabada sobre os elementos fáticos, próprios de uma sentença

---

[116] MARQUES, José Frederico. *Elementos de direito processual penal*. Campinas: Bookseller, 1998. v. II, p. 528.

[117] STJ-HC 87942/SP, j.13/12/07. Mesmo sentido: STF-HC 88.601/CE. P.22/06/2007.

[118] *Apud* CUNHA, Mauro; SILVA, Roberto Geraldo Coelho da. Op. cit., p. 80.

condenatória. Trata-se de, apenas, franciscano amparo probatório, íntimo da fumaça de bom direito, capaz de justificar a acusação penal contra alguém. E neste sentido não se tem admitido imputação penal destituída de base empírica idônea e que revele, de modo satisfatório e consistente, a materialidade do fato delituoso e a existência de indícios suficientes de autoria do crime, a respaldar a acusação.[119]

8.1.3.5. Exame judicial sobre a justa causa e a prova da justa causa

A decisão junto ao *habeas corpus* sucede ao sensível exame sobre a justa causa vinculada à violação do direito líquido e certo da liberdade de locomoção, razão que a análise, por parte do julgador, deverá se realizar de plano. Por esta razão, segue o entendimento de que o *habeas* não se apresenta como via adequada quando o pleito se baseia em falta de justa causa, a qual não é revelada *primo oculi*[120] e obriga a uma incursão aprofundada da prova.[121]

Por certo, nada impede uma análise axiológica mais rigorosa, quando o tema assim compelir (exemplos: padrões de valores, legislações antigas ...).

Para Cunha e Silva:

"... por vezes haverá um juízo de valor por parte do magistrado para estabelecer que, malgrado a aparência de legalidade, inexiste justa causa para o constrangimento."[122]

Porém, não basta o exame solitário da motivação, sem, outrossim, o exame da prova da justa causa.

Conforme Foppel e Santana:

"... a afirmação da existência ou não de justa causa para a persecução penal não é possível sem o exame de prova. E se o *habeas corpus* se presta a trancar a investigação ou a ação penal carente de lastro probatório mínimo (justa causa) é insofismável a necessidade de apreciação da prova existente."[123]

Desta forma, o exame sobre a justa causa e a análise sobre a prova da justa causa resultam em esforços essenciais jungidos ao decisório judicial no âmbito do *habeas corpus*.

---

[119] STJ, HC 87942/SP, j. 13.12.07.

[120] STJ, RHC 55489/SP, DJ. 02.03.15.

[121] STJ, HC 131951/ES, DJ. 10.08.11.

[122] CUNHA, Mauro; SILVA, Roberto Geraldo Coelho da. Op. cit., p. 7778.

[123] FOPPEL, Gamil; SANTANA, Rafael. *Habeas Corpus in Ações Constitucionais*. Fredie Didier Jr., organizador, 6ª ed. Salvador: Editoria Jus Podium, 2012, p. 60.

8.2. Quando alguém estiver preso por mais tempo do que determina a lei

Trata-se do excesso do prazo da prisão.

O excesso de prazo traduz situação anômala que compromete a efetividade do processo, pois além de tornar evidente o desprezo estatal pela liberdade do cidadão, frustra um direito básico que assiste a qualquer pessoa: o direito à resolução do litígio, sem dilações indevidas e com todas as garantias reconhecidas pelo ordenamento constitucional. E neste sentido posicionou-se o Supremo Tribunal Federal.[124]

Muito embora já existisse referência sobre a questão da celeridade processual no artigo 8, nº I, do pacto de São José da Costa Rica, que se tornou Lei através do Decreto nº 678, de 06.11.1992, o legislador reservou um lugar especial, no palco dos direitos constitucionais, para este tema. Tanto que o artigo 5º, LXXVIII, da CF, preconiza que a todos, nos âmbitos judicial e administrativo, são assegurados a razoável duração do processo e os meios que garantam a celeridade de sua tramitação.

Por sua vez, como o legiferante não fez qualquer referência ao que considera tempo processual em excesso e observando que o Tribunal Europeu de Direitos Humanos e a Corte Interamericana de Direitos Humanos têm invocado alguns critérios para decifrar a delonga (como a complexidade do caso, a atividade processual do imputado, a conduta das autoridades judiciárias),[125] alguns julgados nacionais passaram a adotar estes aspectos para dizer sobre o excesso de tempo processual.[126] Por certo, tais critérios não são exaustivos, já que outros podem ser avaliados, como a idade do acusado,[127] seu estado de saúde,[128] etc.

Tratando-se de prisão definitiva (após o trânsito em julgado), uma vez cumprido o prazo do cárcere, o preso deverá ser posto imediatamente em liberdade. Assim, por exemplo, se o último dia da prisão for o sábado, no dia seguinte, domingo deverá restar livre, não podendo ser custodiado até o primeiro dia útil, pois não se trata de prazo formal, e, sim, material.

---

[124] RTJ 187/933.

[125] PASTOR, Daniel R. *El plazo razonable en el proceso del estado de derecho*. Buenos Aires: Ad Hoc, 2002. p. 139.

[126] TJ/RS HC nº70021828561, j.8.11.07. Mesmo sentido TJ/RS HC nº 70028174050, p. 25.03.09.

[127] STJ – HC 116.934/MG, j. 20/11/2008.

[128] STJ – HC 335.379/SP, j. 10/11/2015.

Já tratando-se de prisão provisória (antes do trânsito em julgado), devem ser examinados os prazos ditados pela lei, inclusive atinentes ao desenvolvimento dos atos formais. Destaca-se que esta espécie de prisão pode ser dividida em: prisão em flagrante, prisão preventiva e prisão temporária.[129]

A lei não prevê prazo para a custódia preventiva e para o flagrante. Contudo se tem reconhecido vício na prisão formal, pela irrazoabilidade do prazo, quando não existir complexidade, a demora não for atribuída ao preso e ocorra desregramento por parte autoridades judiciárias.[130]

A prisão temporária vem prevista na Lei nº 7.960/89. O artigo 2º desta lei preconiza que a prisão temporária terá o prazo de cinco dias, prorrogável, ainda, por igual período em caso de extrema e comprovada necessidade. Com a Lei nº 8.072/90 ampliou-se o prazo da temporária para os crimes hediondos e assemelhados, para trinta dias, prorrogável por mais trinta, em caso de extrema e comprovada necessidade. O desrespeito a estes prazos, por evidente, maculará a custódia.[131]

Por certo, que outros aspectos deverão ser considerados para a concessão de liberdade ao preso, na promoção do exame de razoabilidade do prazo da prisão provisória.[132] E nada impede que a liberdade seja concedida no âmbito do processo ou da própria da investigação criminal.[133]

8.2.1. Excesso de prazo do inquérito policial

O artigo 10 do CPP refere: "O inquérito deverá terminar no prazo de 10 (dez) dias, se o indiciado tiver sido preso em flagrante, ou estiver preso preventivamente, contado o prazo, nesta hipótese, a partir

---

[129] A processualística penal, antes das Leis nº 11.719/08 e 11.689/08, admitia, outrossim, a prisão por sentença de pronúncia e prisão por sentença condenatória não transitada em julgado. Porém, com a reforma havida, apenas permaneceu a prisão provisória junto ao momento processual (pronúncia ou sentença condenatória), não se configurando mais em espécies de prisão processual.

[130] TJ/RS HC nº70021828561, j.8.11.07. Mesmo sentido TJ/RS HC nº 70028174050, p. 25.03.09.

[131] RJTJERGS 135/30.

[132] HABEAS CORPUS – A impossibilidade de convivência pacífica com a sociedade, a atemorização de pessoas e testemunhas, a possibilidade de ausentar-se o paciente do distrito da culpa, fazem com que se mantenha a segregação, ainda mais quando não existe excedimento de prazo e eventual excesso, obedece ao critério da razoabilidade, e antes de tudo a sociedade merece ser protegida de homens, que pelo agir violento, se transformam em animais [...]. RJTJRS 173/81.

[133] STJ – HC 323.195/MG, j. 15/09/2015.

do dia em que se executar a ordem de prisão...". É de se gizar que este prazo refere-se à Justiça Estadual Comum, eis que com relação a Justiça Federal vige o artigo 66 da Lei n° 5.010/66, que dispõe: "O prazo para conclusão do inquérito policial será de 15 (quinze) dias, quando o indiciado estiver preso...".

Desta forma, estando o indiciado preso em razão de flagrante delito ou preventivamente e houver sido ultrapassado o prazo legal sem a conclusão do inquérito, observar-se-á o constrangimento ilegal, passível de ser sanado através de um *habeas corpus*.

Entrementes, não se pode descuidar da Lei n° 7.960/89, que criou a prisão temporária, e em seu artigo 2° estabeleceu o prazo de 5 (cinco) dias prorrogáveis por mais 5 (cinco), em caso de extrema e comprovada necessidade. Com o advento do artigo 2°, § 3°, da Lei n° 8.072, para os crimes hediondos e assemelhados, o prazo da prisão provisória temporária foi estendido para "... 30 (trinta) dias, prorrogável por igual período em caso de extrema e comprovada necessidade". Desse modo, estando o indivíduo custodiado por mais tempo do que determina a lei, emergirá o constrangimento ilegal.

8.2.2. Excesso de prazo frente à propositura da acusação

O artigo 46 do CPP prescreve: "O prazo para oferecimento da denúncia, estando o réu preso, será de cinco dias, contado da data em que o órgão do Ministério Público receber os autos do inquérito policial...". Logo, haverá constrangimento quando o acusado estiver preso e for ultrapassado este prazo sem oferecimento da denúncia.

Detalhe interessante seriam as ações públicas condicionadas e as ações privadas. É que nestes casos o direito de representação ou queixa decairá, em regra, no prazo de seis meses da data em que o ofendido vier a saber quem é o autor do crime. Então surge a pergunta: e se o acusado fosse preso em flagrante, aguardaria custodiado a fluência deste prazo decadencial? Evidentemente que não, pois é impossível se admitir que ele reste custodiado, à disposição do alvedrio do ofendido, o qual sequer se pronunciou sobre o interesse no processamento. Nestes casos, é de se aplicar o mesmo prazo para o oferecimento da denúncia, ou seja, cinco dias, reconhecendo-se o excesso quando ultrapassado.

8.2.3. Excesso de prazo frente ao processamento

No procedimento ordinário, a audiência de instrução e julgamento deverá ser aprazada no prazo máximo de 60 dias (artigo 400 do CPP). No procedimento sumário, a audiência de instrução e julgamento deverá ocorrer no prazo máximo de trinta dias (artigo 531 do CPP). Já no procedimento do júri, o rito deverá estar concluído no prazo máximo de noventa dias (artigo 412 do CPP). Desta forma, ultrapassados os prazos legais, em se tratando de réu preso, é possível se admitir o exame do excesso de prazo.

Porém, segundo entendimento consolidado nos tribunais, os prazos indicados na legislação processual penal para a conclusão dos atos processuais não são peremptórios, de maneira que eventual demora no término da instrução criminal deve ser aferida dentro dos critérios da razoabilidade, levando-se em conta as peculiaridades do caso concreto.[134]

Vale dizer que a Súmula nº 52 do Superior Tribunal de Justiça segue no sentido de que, encerrada a instrução processual, resta superada a alegação de constrangimento por excesso de prazo.

Já no procedimento do júri, a Súmula nº 21 do Superior Tribunal de Justiça preceitua que, uma vez pronunciado o réu, fica superada a alegação de constrangimento ilegal da prisão por excesso de prazo na instrução.

Giza-se que a súmula nº 64 do Superior Tribunal de Justiça estabelece que "Não constitui constrangimento ilegal o excesso de prazo na instrução provocado pela defesa". Por certo, esta concepção vincula-se à lógica de que, se a defesa provocou a delonga, é incabível que venha a ser beneficiada. Contudo, deve-se ter muita prudência no exame desta razão. É que o acusado preso não poderá ser castigado pelo excesso temporal quando pleitear, na forma da lei e com força no direito, benefício à sua defesa, e a delonga restar atribuída à carência de agilidade do Estado. Por isto, é essencial que o juízo dê agilidade ao processamento, pois se for incapaz de ultrapassar as dificuldades processuais impostas e delongar o feito é de ser concedida a liberdade ao acusado.[135]

E como não há prazo definido para a delonga temporal, os julgados fazem suas interpretações sobre o tempo excessivo.[136]

---

[134] STJ – HC 278686 PA, j. 21.05.15.

[135] *HABEAS CORPUS* – Passados mais de 15 anos da data do cometimento do delito, sem que o Juízo processante fosse capaz de dar solução satisfatória às dificuldades que vem tendo na localização das testemunhas, mantendo, ainda assim, o paciente preso, caracterizado está o ilegal constrangimento. HC 46568/ MT, STJ.

[136] Já se decidiu pelo excesso de prazo da prisão, no caso do paciente preso há quase dois anos, pronunciado por homicídio há mais de um ano, sem definição de julgamento pela impossibilidade de designação de defensor (RJTJRGS 194/197). E já se entendeu pelo excesso de prazo da prisão, no caso do paciente preso há mais de três anos, não tendo o feito perspectiva de decisão de pronúncia (STJ, HC 329922/PE, j. 27.10.15).

8.2.4. Excesso de prazo e provocação para a realização do ato

É inviável a utilização do *habeas* para apressar inquérito policial,[137] ação penal,[138] recurso criminal[139] ou ação revisional,[140] pois o ato formal deve ser promovido na forma da lei e dentro de seu tempo próprio, sem açodamento.

Ocorre que o artigo 5º, LXXVII, da Carta Política preconiza que a todos são assegurados a razoável duração do processo e os meios que garantam a celeridade de sua tramitação. E nesta senda, prevê o artigo 93, XV, da CF como obrigatória a distribuição imediata dos processos, em todos os graus de jurisdição.

Desta forma, principalmente quando encontra-se preso o indivíduo, tem-se admitido *habeas* para provocar a satisfação do ato, seja para o súbito processamento,[141] inclusive para recomendar o julgamento imediato[142] ou efetivamente determinar o julgamento imediato,[143] quando flagrante a excessiva delonga processual.

Vale dizer que nestes casos não se está a antecipar a formalidade, mas, apenas, a provocar sua realização.

8.3. Quando quem ordenar a coação não tiver competência para fazê-lo

Trata-se da terceira ilegalidade apontada pela lei, ou seja, a incompetência da autoridade que ordenou o constrangimento.

Em face da referência explícita à expressão "competência", e sendo esta uma delimitação da jurisdição (o poder de dizer o direito), é certo que este inciso somente se dirige à prisão determinada por um juiz. Assim, restam excluídas as prisões promovidas pelas autoridades sem jurisdição.[144]

---

[137] JTACrSP/ 76/127.

[138] JTACrSP 51/408 e 66/74.

[139] JTACrSP 56/391.

[140] STJ/ HC 41.683/SP, DJ 01.07.05 Mesmo sentido: STJ/ HC 35.178/SP, DJ 06.06.05.

[141] STJ/ HC 39.427/SP, DJ 01.08.05. Mesmo sentido: HC 41198/SP, j.24.05.05 e HC 35178/SP, j. 17.05.05.

[142] STJ, HC 27.501/SP, DJ 04.08.03.

[143] STJ, HC 40902/SP, j. 19.05.05.

[144] Não acompanhamos o entendimento de que, em caso de prisão determinada pela autoridade policial e que não se constitua em flagrante delito, estará caracterizado o constrangimento previsto no inciso III. Pensamos diferente, pois como a autoridade policial não possui competência

8.3.1. Princípios jungidos à jurisdição e à competência

A jurisdição é o poder de dizer o direito. Já a competência é o limite dentro do qual o juiz exercerá jurisdição. Assim, a competência se constituiu como um critério no exercício jurisdicional.

Nesta senda, torna-se interessante o exame dos princípios que norteiam a jurisdição e a competência, e reflexos junto ao *habeas*:

- *Juiz natural* – O artigo 5º, LIII, da CF estabelece que ninguém será processado e nem sentenciado senão pela autoridade competente. E nesta esteira, o artigo 5º, XXXVII, determina que não haverá juízo ou tribunal de exceção. Desta forma, o decisório de um juiz incompetente e que lesione o direito de liberdade de locomoção de um indivíduo permite *habeas* com fundamento no artigo 648, III, do CPP.

- *Ne procedat judex ex officio* – A regra, com as devidas exceções, é que o juiz só atue mediante provocação, sendo a iniciativa do sujeito parcial que estimula a tutela jurisdicional. O decisório de um juiz que age sem ser provocado, distante das exceções legais e contra o direito de locomoção, estará maculado pela falta de justa causa, razão em que o *habeas* se firmará no artigo 648, I, do CPP.

- *Investidura* – O exercício da função jurisdicional vem revestido de formalidade essencial, que se chama investidura. Sem investidura não haverá jurisdição. Desta forma, os atos de alguém não investido serão inexistentes juridicamente e, uma vez que venham contra a liberdade locomotiva, caberá *habeas* forte no artigo 648, I, do CPP.

- *Indelegabilidade* – O juiz não pode transferir sua função jurisdicional a quem quer que seja, pois deve exercê-la pessoalmente. Atos promovidos por alguém delegado, e sem jurisdição, serão inexistentes juridicamente. Nestas condições, contra a ofensa à liberdade de locomoção cabe *habeas* forte no artigo 648, I, do CPP. Porém, caso a pessoa delegada tenha jurisdição, então cabível o artigo 648, III, do CPP.

- *Improrrogabilidade* – Trata-se do critério em que o exercício da jurisdição se dá dentro dos limites estabelecidos pela lei, através do instituto da competência. Como o juiz não pode invadir

---

– mas atribuição – sua ordem de prisão fora dos casos de flagrante é ilegal e sem amparo constitucional (art. 5º, LXI, da CF: Ninguém será preso senão em flagrante delito ou por ordem escrita e fundamentada de autoridade judiciária competente...), razão que carente de justa causa. Logo, cabível o molde do art. 648, I, do CPP.

o exercício de outro, a ofensa à liberdade de locomoção nestas condições, será repelida conforme artigo 648, III, do CPP.
- *Motivações das decisões* – A decisão do juiz é resultado de um raciocínio lógico, forte nos acontecimentos expostos no processo. O artigo 93, IX, da CF estabelece que as decisões dos julgamentos dos órgãos do Poder Judiciário serão fundamentadas. Já o artigo 381, III, do CPP refere que a sentença conterá a indicação dos motivos de fato e de direito em que se fundar a decisão. Como a lei não esclarece a diferença entre fundamentação e motivação, é possível se reconhecer que esta é a causa escolhida, sem estar justificada, para determinar o julgamento, enquanto que aquela é o dissecamento que justifica o decisório. A falta de fundamentação ou motivação estabelecerá atipicidade formal no decisório, sendo a ofensa à liberdade locomotiva repelida com força no artigo 648, I, do CPP.
- *Princípio da correlação* – O princípio da correlação é aquele que estabelece que a sentença deve guardar relação com o pedido. Ou seja, o juiz não poderá se afastar do perímetro firmado pelo petitório. Logo, ofensa ao princípio da correlação, com lesão ao direito locomotivo, caberá *habeas* forte artigo 648, I, do CPP.

8.3.2. Competência e sua divisão

Como o artigo 5º, LIII, da CF estabelece que ninguém será processado e nem sentenciado senão pela autoridade competente, é importante se compreender sobre a competência e sua divisão em *funcional* e *material*.

A competência funcional é aquela que firma qual o órgão do poder judiciário será competente para realizar determinado ato vinculado à ação penal. Por sua vez, essa competência se divide em razão da fase processual, do objeto do juízo e do grau de jurisdição.

Em razão da fase do processo: trata-se da competência que se vincula ao momento processual. Exemplo: o juízo que julgar o feito criminal não será o mesmo que executará a pena.

Em razão do objeto do juízo: trata-se da competência que se vincula à questão que deve ser julgada. Exemplo: o juiz de direito decide sobre a juntada de documento, enquanto que os jurados decidem se o documento serve para absolver ou condenar.

Em razão do grau de jurisdição: trata-se da competência que se vincula segundo a categoria inferior ou superior de jurisdição. Exemplo: a sentença condenatória do juiz de primeiro grau só poderá ser reformada por decisão do juízo de segundo grau.

Já a competência material é aquela que firma qual o órgão do poder judiciário será competente para realizar o processo e julgamento da ação penal. Por sua vez, se divide em razão do território, da matéria e da pessoa.

Em razão do território (ratione loci): o artigo 69, I, do CPP dispõe que a competência jurisdicional será determinada pelo local em que ocorreu a infração. Nesta esteira, o artigo 70 do CPP firma que a competência será, de regra, determinada pelo lugar em que se consumar a infração, ou, no caso de tentativa, pelo lugar em que for praticado o último ato de execução.

Contudo, tratando-se de crime de mera conduta,[145] uma vez realizado o comportamento delituoso, o crime se consuma. Assim, o local da conduta é que ditará a competência. O mesmo servirá ao crime formal,[146] face ficção jurídica da consumação antecipada.

Não sendo conhecido o lugar da infração, a competência regular-se-á pelo domicílio ou residência do réu[147] (artigo 72 do CPP).

Destaca-se que quando se tratar de ação penal privada, a competência poderá estar vinculada ao foro de domicílio ou residência do réu, mesmo que conhecido o lugar da infração (artigo 73 do CPP).

Em razão da matéria (ratione materiae): o artigo 69, III, do CPP refere que a competência se determinará pela natureza da infração. Ou seja, conhecendo-se o crime se, conhecerá quem será competente para julgá-lo.

Conforme o artigo 102, CF, competirá ao Supremo Tribunal Federal processar e julgar, originariamente, a extradição solicitada por Estado estrangeiro; a revisão criminal de seus julgados; a reclamação para a preservação de sua competência e garantia da autoridade de suas decisões; a execução de sentença nas causas de sua competência originária, facultada a delegação de atribuições para a prática de atos processuais; os conflitos de competência entre o Superior Tribunal de Justiça e quaisquer tribunais, entre Tribunais Superiores, ou entre

---

[145] Crime em que a lei observa a ação ou omissão do agente, despreocupando-se com o resultado naturalístico.

[146] Crime que não se preocupa com o desejo do agente.

[147] O domicílio, nos termos do artigo 70 do CC, é o lugar onde a pessoa natural estabelece a sua residência com ânimo definitivo. No caso de a pessoa possuir várias residências, onde, alternadamente habite, considerar-se-á domicílio seu qualquer delas (artigo 71 do CC). É também domicílio da pessoa natural, quanto às relações concernentes à profissão, o lugar onde esta é exercida (artigo 72 do CC). Já a residência é o lugar em que a pessoa habita, mesmo que haja irregularidade e sem caráter de permanência.

estes e qualquer outro tribunal. Outrossim, julgar, em recurso ordinário, o *habeas corpus* e o Mandado de Segurança, decididos em única instância pelos Tribunais Superiores, se denegatória a decisão, julgar (em recurso ordinário) o crime político[148] e o recurso extraordinário.

Conforme o artigo 105, CF, competirá ao Superior Tribunal de Justiça processar e julgar, originariamente, os conflitos de competência entre quaisquer tribunais, ressalvado o disposto no artigo 102, I, *o*, bem como entre tribunal e juízes a ele não vinculados e entre juízes vinculados a tribunais diversos, as revisões criminais de seus julgados; a reclamação para a preservação de sua competência e garantia da autoridade de suas decisões; a homologação de sentenças estrangeiras e a concessão de *exequatur* às cartas rogatórias. Outrossim, julgar, em recurso ordinário, *habeas corpus* decididos em única ou última instância pelos Tribunais Regionais Federais ou pelos Tribunais dos Estados, do Distrito Federal e Territórios, quando a decisão for denegatória; os mandados de segurança decididos em única instância pelos Tribunais Regionais Federais ou pelos Tribunais dos Estados, do Distrito Federal e Territórios, quando denegatória a decisão e julgar recurso especial.

O artigo 108 da CF estabelece a competência dos Tribunais Regionais Federais para processar e julgar, originariamente, as revisões criminais de julgados seus ou dos juízes federais da região, os mandados de segurança e os *habeas data* contra ato do próprio Tribunal ou de juiz federal; os *habeas corpus*, quando a autoridade coatora for juiz federal;[149] os conflitos de competência entre juízes federais vinculados ao Tribunal. Outrossim, julgar, em grau de recurso, as causas decididas pelos juízes federais e pelos juízes estaduais no exercício da competência federal da área de sua jurisdição.

Já o artigo 109 da CF firma a competência dos juízes federais para processar e julgar os crimes políticos e as infrações penais praticadas em detrimento de bens, serviços ou interesse da União ou de suas entidades autárquicas ou empresas públicas, excluídas as contravenções e ressalvada a competência da Justiça Militar e da Justiça Eleitoral; os crimes previstos em tratado ou convenção internacional, quando iniciada a execução no País, o resultado tenha ou devesse ter ocorrido no estrangeiro, ou reciprocamente; as causas relativas a direitos humanos a que se refere o § 5º deste próprio artigo; os crimes contra

---

[148] A Lei nº 7.170/83 define os crimes contra a segurança nacional, a ordem política e social, estabelecendo o seu processo e julgamento, além de outras providências.

[149] Porém, será da Justiça do Trabalho a competência para julgar *habeas corpus* quando o ato questionado envolver matéria de sua jurisdição (artigo 114, IV, da CF).

a organização do trabalho e, nos casos determinados por lei, contra o sistema financeiro e a ordem econômico-financeira; os *habeas corpus*, em matéria criminal de sua competência ou quando o constrangimento provier de autoridade cujos atos não estejam diretamente sujeitos à outra jurisdição; os crimes cometidos a bordo de navios ou aeronaves, ressalvada a competência da Justiça Militar; os crimes de ingresso ou permanência irregular de estrangeiro, a execução de carta rogatória, após o *exequatur*, e de sentença estrangeira, após a homologação, as causas referentes à nacionalidade, inclusive a respectiva opção, e à naturalização.

O artigo 74 do CPP prevê que competência pela natureza da infração será regulada pelas leis de organização judiciária, salvo a competência privativa do Tribunal do Júri. O artigo 5°, XXXVIII, da CF assegura à instituição do júri a competência para o julgamento dos crimes dolosos contra a vida. Destaca-se que o artigo 4° do Decreto-Lei n° 253/67 prevê que, nos crimes de competência da justiça federal, os quais devem ser julgados pelo tribunal do júri, observar-se-á o disposto na legislação processual, cabendo a sua presidência ao juiz a que competir o processamento da respectiva ação penal.

No caso da competência da justiça eleitoral, o artigo 118 do CF e seus incisos prescrevem os órgãos da Justiça Eleitoral como sendo o Tribunal Superior Eleitoral, os Tribunais Regionais Eleitorais, os Juízes Eleitorais e as Juntas Eleitorais. Por sua vez, o Código Eleitoral, consubstanciado na Lei n° 4.737/65, estabelece crimes eleitorais.

Tratando-se de competência da Justiça Militar, temos o artigo 122 da CF, que firma os órgãos da Justiça Militar como sendo Superior Tribunal Militar, Tribunais e Juízes Militares. Outrossim, o artigo 124 da CF estabelece que à Justiça Militar compete processar e julgar os crimes militares definidos em lei. Estes crimes vêm previstos no Código Penal Militar, instituído pelo Decreto n° 1001/69.

Destaca-se que a Justiça Militar Estadual não tem competência para julgar crime doloso contra a vida, quando a vítima for civil, tampouco o crime praticado por civil, ainda que este atente contra instituição militar. A própria Súmula n° 53 do STJ refere que compete à Justiça Comum Estadual processar e julgar civil acusado de prática de crime contra instituições militares estaduais. Porém, os civis podem ser julgados pela Justiça Militar Federal desde que na forma expressa em lei.[150] Veja-se, ainda, que a lei diz sobre crime militar e não atos dis-

---

[150] O artigo 82, § 1°, do CPPM prevê que o foro militar se estenderá aos civis, nos crimes de segurança nacional ou contra as instituições militares.

ciplinares militares, nos quais a Justiça Militar não tem competência para julgá-los.[151]

Com relação ao Juizado Especial Criminal, a competência em razão da matéria deverá observar o artigo 60 da Lei n° 9.099/95 e que estabelece que será competente este juizado frente às infrações penais de menor potencial ofensivo. Já o artigo 61 da aludida lei considera infrações de menor potencial ofensivo (Contravenções Penais e Crimes) aquelas em que a lei comine pena máxima não superior a 2 (dois) anos, cumulada ou não com multa.

Quando a questão não estiver afeita aos outros juízos, emergirá a competência da justiça estadual, razão do seu caráter residual.

Em razão da pessoa (ratione personae), conforme o artigo 69, VII, do CPP, trata-se de competência de caráter funcional, por prerrogativa de função. A Constituição Federal estabelece que:

- o Tribunal de Justiça julgará o Prefeito Municipal[152] (artigo 29, X, da CF), os juízes estaduais e do Distrito Federal e Territórios, bem como os membros do Ministério Público, nos crimes comuns e de responsabilidade, ressalvada a competência da Justiça Eleitoral (artigo 96, III, da CF).
- o Supremo Tribunal Federal processará e julgará nas infrações penais comuns, o Presidente da República, o Vice-Presidente, os membros do Congresso Nacional, seus próprios Ministros e o Procurador-Geral da República; nas infrações penais comuns e nos crimes de responsabilidade, os Ministros de Estado e os Comandantes da Marinha, do Exército e da Aeronáutica, ressalvado o disposto no artigo 52, I, os membros dos Tribunais Superiores, os do Tribunal de Contas da União e os chefes de missão diplomática de caráter permanente; o *habeas corpus*, sendo paciente qualquer das pessoas referidas nas alíneas anteriores; o Mandado de Segurança contra atos do Presidente da República, das Mesas da Câmara dos Deputados e do Senado Federal, do Tribunal de Contas da União, do Procurador-Geral da República e do próprio Supremo Tribunal Federal; o *habeas corpus*, quando o coator for Tribunal Superior ou quando o coator ou o paciente for autoridade ou funcionário cujos atos estejam sujeitos diretamente à jurisdição do Supremo Tribunal Federal, ou se trate de crime sujeito à mesma jurisdição em uma única instância (artigo 102, I, da CF).

---

[151] STJ, RMS 2.941-SP, 5ª T, rel. Jesus Costa Lima, j.16.05.94.
[152] Ver Súmulas n° 702 do STF e n° 208 e n° 209 do STJ.

- o Superior Tribunal de Justiça processará e julgará nos crimes comuns os Governadores dos Estados e do Distrito Federal, e, nestes e nos de responsabilidade, os desembargadores dos Tribunais de Justiça dos Estados e do Distrito Federal, os membros dos Tribunais de Contas dos Estados e do Distrito Federal, os dos Tribunais Regionais Federais, dos Tribunais Regionais Eleitorais e do Trabalho, os membros dos Conselhos ou Tribunais de Contas dos Municípios e os do Ministério Público da União que oficiem perante tribunais; os mandados de segurança e os *habeas data* contra ato de Ministro de Estado, dos Comandantes da Marinha, do Exército e da Aeronáutica ou do próprio Tribunal; os *habeas corpus*, quando o coator ou paciente for qualquer das pessoas mencionadas na alínea "a", ou quando o coator for tribunal sujeito à sua jurisdição, Ministro de Estado ou Comandante da Marinha, do Exército ou da Aeronáutica, ressalvada a competência da Justiça Eleitoral (artigo 105, I, da CF).
- o Tribunal Regional Federal, por sua vez, processará e julgará os juízes federais da área de sua jurisdição, incluídos os da Justiça Militar e da Justiça do Trabalho, nos crimes comuns e de responsabilidade, e os membros do Ministério Público da União, ressalvada a competência da Justiça Eleitoral (artigo 108, I, da CF).

Por certo, se a questão não estiver jungida aos outros juízos, então a competência será da justiça estadual, face seu caráter residual.

8.3.3. Algumas observações sobre competência

Competência política: o artigo 51, I, da CF refere que compete privativamente à Câmara dos Deputados autorizar, por dois terços de seus membros, a instauração de processo contra o Presidente e o Vice-Presidente da República e os Ministros de Estado. Trata-se de um juízo de admissibilidade.

Por sua vez, o artigo 52, I e II, da Carta Magna revela que compete privativamente ao Senado Federal processar e julgar o Presidente e o Vice-Presidente da República nos crimes de responsabilidade,[153]

---

[153] A Lei nº 1.079/50 define e regula o respectivo processo e julgamento dos crimes de responsabilidade. Nos casos referidos, funcionará como presidente o do Supremo Tribunal Federal, razão que alguns chamam de Tribunal Misto, e limitar-se-á à condenação, que somente será proferida por dois terços dos votos do Senado Federal, à perda do cargo, com inabilitação, por oito anos, para o exercício de função pública, sem prejuízo das demais sanções judiciais cabíveis. Veja-se, então, que nos crimes de responsabilidade não haverá pena privativa de liberdade. É importante

bem como os Ministros de Estado e os Comandantes da Marinha, do Exército e da Aeronáutica nos crimes da mesma natureza conexos com aqueles, além de processar e julgar os Ministros do Supremo Tribunal Federal, os membros do Conselho Nacional de Justiça e do Conselho Nacional do Ministério Público, o Procurador-Geral da República e o Advogado-Geral da União nos crimes de responsabilidade.

Salienta-se, ainda, que as constituições estaduais, outrossim, firmam competências para juízos políticos.[154]

Competência por distribuição: a competência por distribuição ocorrerá quando, na mesma circunscrição judiciária, houver mais de um juiz igualmente competente (artigo 75 do CPP).

Competência face conexão e continência: a competência, face conexão e continência, estará jungida a questões resultantes de vínculos com infrações penais ou agentes (artigos 76, 77, 78 e 79 do CPP). Destaca-se que, em se tratando de foro por prerrogativa, preceitua a Súmula nº 704 do STF que não viola as garantias do juiz natural, da ampla defesa e do devido processo legal a atração por continência ou conexão do processo do corréu ao foro por prerrogativa de função de um dos denunciados.

Competência por prevenção: a prevenção firma competência junto ao juízo que antecedeu outro na prática de algum ato ou medida (artigo 83 do CPP). A jurisprudência do Supremo Tribunal Federal é no sentido de que a regra da prevenção deve ser entendida em conjugação com o parágrafo único do artigo 75, de modo que a decretação de medidas urgentes, em procedimentos que não obedeceram à regra de distribuição, não previne a competência do juiz.[155]

Nova competência e os processos já sentenciados: trata-se de questão vinculada à existência de nova legislação sobre competência e seus reflexos em processos já sentenciados. Com a reforma trazida pela Emenda Constitucional nº 45, de 2004, o tema ficou efervescente, com entendimentos variados. Para resolver a questão, veio a Súmula nº 367 do STJ, publicada em 26.11.08, que preceitua que a competên-

---

não se confundir com os chamados crimes de responsabilidade do Decreto-Lei nº 201/67. Pois estes são crimes comuns, conforme já consagrado entendimento do Supremo Tribunal Federal.

[154] A Constituição do Estado do Rio Grande do Sul, em seu artigo 53, VI, estabelece a competência exclusiva da Assembleia Legislativa para processar e julgar o Governador e o Vice-Governador do Estado nos crimes de responsabilidade, e os Secretários de Estado nos crimes da mesma natureza conexos com aqueles, bem como o inciso VII refere processar e julgar o Procurador--Geral da Justiça, o Procurador-Geral do Estado e o Titular da Defensoria Pública nos crimes de responsabilidade.

[155] STF-HC 83086/MG. Data do Julgamento 16/12/2003. Data da Publicação/Fonte DJ 12.03.2004. p. 52.

cia estabelecida pela Emenda Constitucional n°45/2004 não alcança os processos já sentenciados. Dessa forma, segue orientação no sentido de que a nova lei sobre competência não traz efeitos aos processos já decididos.

Competência temporal: É quando se desloca competência em razão do tempo. O artigo 428 do CPP possibilita desaforamento, atinente aos processos do Júri, quando, em razão de comprovado excesso de serviço, o julgamento não possa ser realizado no prazo de 6 meses, contado do trânsito em julgado da decisão de pronúncia. Por certo, é criticável a lei por estabelecer transferência de competência por delonga processual em face de deficiente prestação do serviço público. E o Supremo Tribunal Federal já decidiu que não haverá desaforamento quando o excesso de prazo para o julgamento perante o Tribunal do Júri for justificado pela complexa instrução criminal.[156]

8.4. Quando houver cessado o motivo que autorizou a coação

Trata-se da situação em que a coação iniciou como justa, mas face ao desaparecimento da causa que a determinou, tornou-se injusta. Assim, não mais persistindo o motivo que determinou a coação, esta deverá, também, desaparecer.

Veja-se que sendo a prisão uma exceção, os motivos de sua decretação devem ser atuais, sob pena de emergir constrangimento ilegal.

Nesta esteira, já se entendeu que, se a prisão temporária do paciente for decretada para apuração de eventual envolvimento na prática de furto qualificado, a segregação tornar-se-á desnecessária, uma vez havendo confissão perante a autoridade policial, na presença de bacharéis.[157]

Outrossim, se a custódia preventiva ocorre com fundamento em ameaças à vítima e às testemunhas no curso da instrução criminal, não mais subsistindo as razões que originariamente justificavam a prisão preventiva e concluída a fase acusatória com inocorrente risco aos elementos probatórios, é de conceder-se direito à liberdade provisória.[158]

---

[156] STF-HC 101686/DF, j. 25.05.10

[157] TJRS, 1ª Câmara Criminal, em 12.11.97, processo 297032526.

[158] *Revista de Jurisprudência Penal Militar*, Porto Alegre, n. 333, p. 399, jul./dez., 1997.

8.5. Quando não for alguém admitido a prestar fiança, nos casos em que a lei autoriza

A Constituição Federal, em seu artigo 5º, LXVI, refere que "ninguém será levado à prisão ou nela mantido, quando a lei admitir a liberdade provisória, com ou sem fiança", e o artigo 321 do CPP inicia sobre o tema da fiança.

A fiança trata-se de caução para assegurar que o réu cumpra as obrigações processuais. Por ser um direito, deve sempre ser admitida, desde que presente as condições legais.

Nos casos de infração punida com detenção ou prisão simples, a autoridade policial poderá conceder. Nos demais casos, caberá ao Juiz decidir sobre a fiança.

Ocorre que, conforme a lei, não caberá fiança:
- nos crimes apenados com reclusão em que a pena mínima for superior a 2 anos;
- nas contravenções (Decreto-Lei nº 3.688/41) tipificadas nos artigos 59 (vadiagem) e 60 (mendicância);[159]
- nos crimes punidos com pena privativa de liberdade, se o réu já tiver sido condenado por outro crime doloso, em sentença transitada em julgado;
- quando provado ser o réu vadio;[160]
- nos crimes punidos com reclusão que provoquem clamor público ou que tenham sido cometidos com violência contra a pessoa ou grave ameaça;
- aos que já quebraram a fiança (não comparecer perante a autoridade quando for chamado, mudar de residência sem autorização do Juiz ou ausentar-se por mais de 8 dias de sua residência, sem comunicar à autoridade o lugar onde poderá ser encontrado);
- em caso de prisão determinada por Juiz cível ou prisão militar;
- quando presentes os motivos de decretação de prisão preventiva (garantia da ordem pública, ordem econômica, por conveniência da instrução criminal, ou para assegurar a aplicação da lei penal, quando houver prova da existência do crime e indício suficiente de autoria);
- nos crimes de racismo;

---

[159] Pelo princípio da dignidade é de se afastar esta preceituação.

[160] Outrossim, pelo princípio da dignidade é de se afastar esta preceituação.

- nos crimes hediondos, tráfico de drogas, tortura e terrorismo (CF artigo 5°, XLIII, Lei n° 8.072/90, artigo 2°, II);
- nos crimes praticados por grupos armados, civis ou militares, contra a ordem constitucional e o Estado Democrático (CF, artigo 5°, XLIV);
- nos crimes de porte ilegal de arma de fogo de uso permitido e disparo de arma de fogo, Lei n° 10.826/03.[161]

Logo, se não houver proibição para a fiança, a mesma deverá ser concedida a qualquer tempo no processo, enquanto não transitar em julgado a condenação.[162]

A fiança será arbitrada considerando a natureza da infração, as condições pessoais de fortuna e vida pregressa do acusado, as circunstâncias indicativas de sua periculosidade, bem como a importância provável das custas do processo (artigo 326 do CPP). A caução poderá ser em dinheiro, pedras, objetos, metais preciosos, títulos da dívida pública ou hipoteca inscrita em primeiro grau (artigo 330 do CPP).

Giza-se que a delonga no arbitramento da fiança ou sua fixação em valores impossíveis de serem satisfeitos pelo indivíduo caracterizam a ilegalidade e se assemelham à não admissão de prestação de fiança.

Como haverá casos em que a própria autoridade policial poderá conceder a fiança, ou seja, nas infrações punidas com detenção ou prisão simples, conforme prevê o artigo 322 do CPP, é possível que seja promovido *habeas corpus* contra ato desta autoridade.

Com relação ao preso estrangeiro, só o fato de não ser nacional não impede o arbitramento da fiança, que pode ser deferido sempre que as condições pessoais do beneficiário autorizarem.[163]

8.6. Quando o processo for manifestamente nulo

O processamento, conjunto de atos formais, deve observar integralmente a regularidade de suas normas para se encontrar em condição legal e de garantia do direito.

Conforme Junoy:

---

[161] Porém, atenção que no julgamento da ADIN n° 3112 o Supremo Tribunal Federal, por maioria, reconheceu a inconstitucionalidade dos parágrafos únicos dos artigos 14 e 15 da Lei n° 10.826/03, dispositivos os quais tornavam inafiançáveis os crimes.

[162] TJRS, HC, processo n° 698 020 732, j.5.03.98.

[163] *Revista do Tribunal Regional Federal da 4ª Região*, Porto Alegre, a. 5, n. 17, jan./mar., p. 209-230, 1994.

"El ordenamiento procesal tiene una serie de reglas formales que se encuentra establecidas en atención a lograr la seguridad jurídica a través de la legalidad."[164]

Por sua vez, o ato formal, para sua existência e perfeição, necessita observar os requisitos ditados pela lei.

Para Dalia e Ferraioli:

"L'atto formale, per la cui giuridica esistenza siano richiesti determinati requisiti di forma, deve, poi, essere perfetto, corrispondere, cioè, al modello di conformità predisposto, in via generale ed astratta, dalla legge (perfezione dell'' atto)."[165]

Logo, o ato atípico formal é aquele que se revela como mácula processual vinculada à relação processual ou ao próprio ato processual. Significa dizer que está em desconformidade com a lei adjetiva.

Para Fenech:

"Por vício de los actos procesales, entendemos la falta en un acto de algunos de los presupuestos, requisitos y condiciones de que depende su admissibilidad o eficacia, o la desviación legal en cuanto al fin o contenido del própio acto; el vicio comprende no sólo el defecto de los actos, sino también su ilicitud."[166]

Por certo, que ocorrente a atipicidade formal não há que se dizer sobre mácula fatal no feito. É que conforme a espécie da atipicidade haverá uma ou outra consequência jurídico-processual. Assim, as atipicidades formais são divididas em ato meramente irregular, ato juridicamente inexistente, nulidade relativa e nulidade absoluta.

O ato meramente irregular é aquele que apresenta ínfimo desregramento processual, mas que desinteressa ao processo, pois não causa qualquer dano à instrumentalidade. Para Esparza e Segovia:

"... el acto irregular es aquel que adolece de un defecto de menor entidad dando lugar como máximo a la corrección y responsabilidad disciplinaria, pero permaneciendo subsistente y eficaz.

Actos irregulares son aquellos realizados faltando algún requisito preciso para la total correción del acto, pero cuya falta no impide su admissibilidad y eficacia normales ..."[167]

---

[164] JUNOY, Joan Picó I. *Las garantias constitucionales del proceso*. Barcelona: Jose Maria Bosch, 1997. p. 49.

[165] DALIA, Andrea Antonio e FERRAIOLI, Marzia. *Manuale di Diritto Processuale Penale*. Quinta Edizione. Padova: CEDAM, 2003.

[166] FENECH, Miguel. *El Processo Penal*. Barcelona: José Mª Bosch Editor, 1956, p. 210.

[167] ESPARZA, Júlio Muerza e SEGOVIA, Rafael Hinojosa. *Derecho Procesal Penal*. Madrid: Centro de Estúdios Ramón Areces, 1999, p. 270.

Exemplos de ato meramente irregular:

• denúncia contra indiciado solto, promovida no prazo de 16 (dezesseis) dias, quando deveria ser em 15 (quinze) dias (artigo 46 do CPP).

• deferimento de compromisso para testemunha que é pai do acusado (artigo 208 do CPP).

Em face da ausência de qualquer consequência danosa, o ato meramente irregular desinteressará o *habeas corpus*.

O ato inexistente juridicamente é aquele que possui tão destacada desconformidade com a lei que resta degenerado juridicamente, razão da incapacidade de produzir eficácia. É o não ato.[168]

Nos dizeres de Greco Filho:

"O ato inexistente deve ser simplesmente desconsiderado, devendo ser praticado o ato que não foi. Daí não depender de instrumento específico para o seu desfazimento; basta que se pratique o que não foi feito."[169]

Exemplos de ato inexistente juridicamente:

• sentença prolatada por alguém em estado hipnótico.[170]

• memoriais defensivos produzidos pelo Ministério Público.

Nestes casos, cabe *habeas corpus* para solucionar o ato inexistente juridicamente, porém com fundamento no artigo 648, I, do CPP, em face da falta de justa causa.

Por sua vez, a nulidade relativa é o defeito resultante da desconformidade existente entre o ato e a lei, cujo prejuízo deve ser demonstrado. O caráter condicional que carrega essa atipicidade, expõe uma relatividade frente à comprovação do prejuízo.

E como já dissemos:

"É a imperfeição processual em que o dano formal não é visto como evidente."[171]

Exemplos de nulidades relativas:

---

[168] MIRABETE, Julio Fabbrini. *Processo penal*. Op. cit., p. 592.

[169] GRECO FILHO, Vicente. *Manual de Processo Penal*. 5. ed. São Paulo: Saraiva, 1998, p. 303.

[170] Este e outros exemplos são sugeridos por DALIA, Andrea Antonio e FERRAIOLI, Marzia. *Manuale di Diritto Processuale Penale*. Quinta Edizione. Padova: CEDAM, 2003: como uma sentença prolatada por alguém que não é juiz, ou que esteja em estado de óbvia inconsciência ou delírio febril.

[171] CONSTANTINO, Lúcio Santoro de. *Nulidades no Processo Penal*. 5. ed. Porto Alegre: Verbo Jurídico, 2011, p. 26.

- o Ministério Público que, embora intimado, não comparece à audiência para oitiva da testemunha (artigo 564, III, "d", do CPP).
- indeferimento de pedido formulado pela defesa, para que seja respondido quesito aparentemente inútil (artigo 176 do CPP).

Por certo que, em face da nulidade relativa, cabe *habeas corpus* para afastar a irregularidade, forte artigo 648, VI, do CPP.

Já a nulidade absoluta é a desconformidade existente entre o ato e a lei, que apresenta tão grave defeito cujo prejuízo resta evidente e não necessita ser demonstrado. O caráter incondicional desta nulidade se vincula a expressão absoluta, ou seja, ao manifesto dano.

E como professamos:
- É a imperfeição processual que permite vislumbrar, de plano, o dano formal.[172]

Exemplos de nulidade absoluta:
- Ausência de defensor ao réu (artigo 564, III, *c*, do CPP).
- Falta de interrogatório do réu presente (artigo 564, III, *e*, do CPP).

Em razão da nulidade absoluta, cabe *habeas corpus* para afastar o desregramento com suporte no artigo 648, VI, do CPP.

Assim, se o processo contiver nulidade, seja ela absoluta ou relativa, caberá *habeas corpus*. Porém, é importante destacar que não poderá ter havido a convalidação da nulidade, pois neste caso o ato estará regularizado e passará a produzir efeitos.

Veja-se que a nulidade relativa poderá convalidar nos termos do artigo 572 do CPP e que estabelece que as nulidades considerar-se-ão sanadas[173] se não forem arguidas em tempo oportuno, se o ato atingir o seu fim ou se a parte aceitar seus efeitos. Outrossim, haverá o aproveitamento dos atos nos casos em que a ilegitimidade do representante da parte restar sanada mediante ratificação da formalidade (artigo 568 do CPP); ou as omissões da denúncia ou da queixa, ou do auto de prisão em flagrante, forem supridas (artigo 569 do CPP); ou quando a falta ou a nulidade da citação, da intimação ou notificação não prejudicar o feito, considerando a presença do interessado antes de o ato consumar-se (artigo 570 do CPP).

---

[172] É nula a decisão do tribunal que acolhe, contra o réu, nulidade não arguida no recurso da acusação, ressalvados os casos de recurso de ofício.

[173] Existe entendimento de que sanação e convalidação não são institutos iguais, pois nesta haveria, apenas, aceitação do ato, enquanto naquela, uma medida para remediar (sanar) a situação.

Em se tratando de nulidade absoluta, é importante destacar que é possível que a mesma reste convalidada. E isto ocorrerá, quando não for mais cabível sua arguição, ou seja: nos casos da Súmula nº 160 do Supremo Tribunal Federal;[174] ou quando ocorrer absolvição, com trânsito em julgado; ou tenha sido suprida em tempo a omissão insanável, não vinculada a atos subsequentes.

Por fim, a referência ao processo manifestamente nulo (artigo 648, VI, do CPP) não é sinônimo de violação a integralidade do processo penal, mas, sim, a integridade do processo. Veja-se que a nulidade pode atingir desde um ato processual até a própria relação processual. E como o processo é uma sequência de atos vinculados entre si, conforme o princípio da causalidade, uma vez declarado nulo um ato, aqueles que se seguirem firmados neste vício restarão prejudicados (artigo 573, § 1º, CPP). Logo, poderemos nos deparar com as chamadas nulidades amplas que violam o processo e com as nulidades restritas que atingem somente o ato processual. Assim, por exemplo, é cabível habeas para trancar ação penal em face da ilegitimidade passiva (mácula que viola toda a relação processual) ou apenas para nulificar audiência de oitiva por carta precatória (vício que atinge apenas um ato, se o feito não contar com sentença).

8.7. Quando extinta a punibilidade

A extinção de punibilidade é a perda do direito do Estado de aplicar sanção penal ao autor da infração.

Conforme dispõe o artigo 107 do Código Penal, a punibilidade extingue-se: pela morte do agente; por anistia, graça ou indulto; pela retroatividade da lei, que não mais considera o fato como criminoso; por prescrição, decadência ou perempção; pela renúncia do direito de queixa ou pelo perdão aceito, nos crimes de ação privada; pela retratação do agente, nos casos em que a lei admite; pelo perdão judicial, nos casos previstos em lei. Porém, em razão do referido diploma não ser exaustivo, existem outras causas de extinção da punibilidade: o ressarcimento do dano no peculato culposo (artigo 312, § 3º); a morte do cônjuge induzido em erro no casamento (artigo 236).

Desta forma, presente uma das causas de extinção de punibilidade e estando o indivíduo preso, ou prestes a ser preso, ou se for o caso de o processamento criminal ainda estar em andamento é cabível o

---

[174] CONSTANTINO, Lúcio Santoro de. *Nulidades no Processo Penal*. 5. ed. Porto Alegre: Verbo Jurídico, 2011, p. 26.

habeas corpus. E se já houver sentença com trânsito em julgado e ocorrer extinção de punibilidade, o *habeas* outrossim será admitido (artigo 66, II, da Lei nº 7.210/84).

Por certo, deve existir, acostado ao petitório do *mandamus*, cristalina revelação da extinção de punibilidade para que ocorra a declaração judicial. E a jurisprudência há muito já se firmou no sentido de que o trancamento da ação penal por meio do *habeas* é medida excepcional, que somente deve ser adotada quando houver inequívoca comprovação da causa de extinção de punibilidade.[175]

---

[175] STJ, RHC 50913/SP, j. 04.08.15.

9. *Habeas corpus* de ofício

O artigo 654, § 2º, do Código de Processo Penal consagra a figura do *habeas corpus* de ofício: "Os juízes e os tribunais têm competência para expedir de ofício ordem de *habeas corpus*, quando no curso de processo verificarem que alguém sofre ou está na iminência de sofrer coação ilegal".

Depreende-se, então, previsão legal que estabelece que o julgador deve determinar ordem de *habeas corpus*, independentemente de qualquer provocação das partes. E não há de ser diferente, pois em sendo a liberdade de locomoção bem essencial da pessoa humana, não pode o julgador restar imóvel quando seu julgamento estiver defronte à flagrante ilegalidade ao direito fundamental.

Giza-se que o *habeas ex officio* não se trata de efetiva impetração de *habeas corpus* pelo magistrado – o qual não possui capacidade postulatória –, mas, sim, de decisão forte em suas funções jurisdicionais.

É possível se observar uma crescente concessão de ordem de ofício, em face do aumento de impetrações de *habeas corpus*, e a contínua restrição por parte dos tribunais sobre a admissibilidade do *mandamus*, principalmente contra ato ilegal passível de impugnação pela via recursal própria. É que nestes casos, o não conhecimento do *habeas*, quando presente a flagrante ilegalidade à liberdade de locomoção, tem dado lugar às concessões *ex officio*.[176]

---

[176] STJ – HC 281821/SP, j. 1.12.15. Mesmo sentido: HC 336.808/SP, j. 24/11/2015; RHC 65.253/PR, j. 17/11/2015.

10. Da competência

Quando se refere sobre a competência para julgamento do *habeas corpus*, diversos regramentos dão conta dos limites jurisdicionais. A Constituição Federal, o Código de Processo Penal, a Constituição Estadual, as leis de Organizações Judiciárias e os Regimentos Internos dos Tribunais tratam sobre a matéria competencional.

Desta forma, para melhor estudo, passamos a examinar a competência frente ao artigo 102, I, alínea *d*, artigo 105, I, alínea *c*, e ao artigo 109, IV, V, VI e VII, da Constituição.

10.1. Supremo Tribunal Federal

Dispõe o artigo 102, I, alínea *d*, da Constituição Federal que competirá ao Supremo Tribunal Federal julgar *habeas corpus* quando o paciente for:
- Presidente da República;
- Vice-Presidente;
- membros do Congresso Nacional;
- Ministros do Supremo Tribunal Federal;
- Procurador-Geral da República;
- Ministros de Estado;
- Comandantes da Marinha, do Exército e da Aeronáutica;
- membros dos Tribunais Superiores;
- membros do Tribunal de Contas da União;
- chefes de missão diplomática de caráter permanente.

Da mesma forma, compete ao Supremo Tribunal Federal o julgamento do *habeas corpus* quando o coator for:
- Tribunal Superior, ou seja, Superior Tribunal de Justiça, Tribunal Superior Eleitoral, Tribunal Superior do Trabalho ou Superior Tribunal Militar (é de se ilustrar que a Emenda Constitucional

nº 22, de 8.3.99, ofertou ao Supremo Tribunal Federal a competência originária do exame do *habeas corpus* impetrado contra constrangimento ilegal praticado por tribunal superior);
• autoridade ou funcionário cujos atos estejam sujeitos diretamente à jurisdição do Supremo Tribunal Federal.

Caso uma das Turmas julgadoras do Supremo Tribunal Federal seja coatora, é de se admitir que o *habeas corpus* seja direcionado para o próprio Tribunal, na dicção do artigo 6º, *a*, do seu Regimento Interno e diante do que preceitua a Constituição na parte final da alínea *i* do inc. I do artigo 102.

Por fim, competirá ao Supremo Tribunal Federal o julgamento de crime sujeito à sua jurisdição em uma única instância.

10.2. Tribunais Superiores

10.2.1. Superior Tribunal de Justiça

Dispõe o artigo 105, I, alínea *c*, da Constituição Federal que competirá ao Supremo Tribunal Federal julgar *habeas corpus* quando o coator ou paciente for/forem:
• Governadores do Estado e do Distrito Federal;
• Desembargadores do Tribunal de Justiça dos Estados e do Distrito Federal;
• membros dos Tribunais de Contas dos Estados e do Distrito Federal;
• membros dos Tribunais Regionais Federais;
• membros dos Tribunais Regionais Eleitorais e do Trabalho;
• membros dos Conselhos ou Tribunais de Contas dos Municípios;
• membros do Ministério Público da União que oficie perante tribunais.

Da mesma forma, compete ao Superior Tribunal de Justiça o julgamento de *habeas corpus* quando o coator for tribunal sujeito à sua jurisdição, Ministro de Estado ou Comandante da Marinha, do Exército ou da Aeronáutica, ressalvada a competência da Justiça Eleitoral.

Veja-se que quando o Ministro de Estado ou comandante da Marinha, do Exército ou da Aeronáutica for coator, caberá ao Superior Tribunal de Justiça o exame do *habeas corpus* (Emenda Constitucional nº 23). Contudo, quando as aduzidas pessoas forem pacientes, a competência originária será do Supremo Tribunal Federal.

10.2.2. Tribunal Superior Eleitoral e Superior Tribunal Militar

O Tribunal Superior Eleitoral e o Superior Tribunal Militar julgarão *habeas corpus* relacionados às matérias de sua competência específica, quando a coação provier de jurisdição especializada de grau inferior.

10.2.3. Tribunal Superior do Trabalho

Quando o constrangimento à liberdade de locomoção restar em matéria trabalhista e for promovido por autoridade sujeita ao Tribunal Regional do Trabalho, o competente para julgar e processar o *habeas corpus* será este tribunal. Todavia, se o constrangimento for promovido por Tribunal Regional do Trabalho, o pedido para ordem deverá ser dirigido ao Tribunal Superior do Trabalho. O artigo 114, IV, estabelece que compete à Justiça do Trabalho processar e julgar *habeas corpus*, quando o ato questionado envolver matéria sujeita à sua jurisdição.

10.3. Tribunais de 2º Grau

Os Tribunais Regionais Federais e de Justiça dos Estados e do Distrito Federal, via de regra, têm competência para processar e julgar os *habeas corpus* em que o paciente ou coator for autoridade sujeita à sua jurisdição.

10.4. Juiz singular de 1º grau

Competente será o juiz singular de 1º grau, forte em seus limites de território, matéria, distribuição, entre outros, quando a ofensa à liberdade de locomoção partir de autoridade ou particular sujeito à sua jurisdição.

Nesta esteira, desinteressa o conhecimento sobre o domicílio ou residência do paciente, pois a competência para julgamento do *habeas corpus*, seja de qual espécie for, é fixada pela sujeição da autoridade apontada coatora, vale dizer, junto ao juízo que tiver jurisdição sobre a mesma.[177]

E o artigo 650, § 1°, do CPP consagra: "A competência do juiz cessará sempre que a violência ou coação provier de autoridade judiciária de igual ou superior jurisdição". Nesta senda, o exemplo de Tornaghi é didático:

"... se alguém está preso à disposição de uma autoridade policial, a competência para a concessão do *habeas corpus* é do juiz criminal. Mas a partir do instante em que os autos do inquérito a esse são remetidos e ele prática ato judicial, passa a ser autoridade coatora e o *habeas corpus* tem que ser pedido ao tribunal de segunda instância."[178]

Quanto à distinta competência entre o juiz estadual e o juiz federal, basta se examinar o artigo 109 da Constituição Federal, em especial os incisos:

"Aos juízes federais compete processar e julgar:

IV – os crimes políticos e as infrações penais praticadas em detrimento de bens, serviços ou interesse da União ou de suas entidades autárquicas ou empresas públicas, excluídas as contravenções e ressalvada a competência da Justiça Militar e da Justiça Eleitoral;

V – os crimes previstos em tratado ou convenção internacional, quando, iniciada a execução no País, o resultado tenha ou devesse ter ocorrido no estrangeiro, ou reciprocamente;

V – A as causas relativas a direitos humanos a que se refere o § 5° deste artigo;

VI – os crimes contra a organização do trabalho e, nos casos determinados por lei, contra o sistema financeiro e a ordem econômico-financeira;

VII – os *habeas corpus*, em matéria criminal de sua competência ou quando o constrangimento provier de autoridade cujos atos não estejam diretamente sujeitos a outra jurisdição;

IX – os crimes cometidos a bordo de navios ou aeronaves, ressalvada a competência da Justiça Militar;

X – os crimes de ingresso ou permanência irregular de estrangeiro, a execução de carta rogatória, após o *exequatur*, e de sentença estrangeira, após a homologação, as causas referentes à nacionalidade, inclusive a respectiva opção, e à naturalização;

---

[177] *Revista de Jurisprudência do Estado do Rio Grande do Sul*, RJTJRGS 59/38.
[178] TORNAGHI, Hélio. Op. cit., p. 418.

XI – a disputa sobre direitos indígenas."

Desta forma, é possível se compreender que resta ao juízo estadual, o âmbito da competência residual.

Como exemplos de competência para processamento e julgamento de *habeas*, observamos:
- se a autoridade coatora for o Delegado da Polícia Federal, que instaurou investigação indevida, caberá *habeas* dirigido ao Juiz Federal.
- se a autoridade coatora for o Juiz Estadual, que recebeu denúncia inepta, caberá *habeas* dirigido ao Tribunal de Justiça.
- se a autoridade coatora for o Tribunal Federal, que recebeu denúncia inepta, caberá *habeas* dirigido ao Superior Tribunal de Justiça.
- se a autoridade coatora for o Superior Tribunal de Justiça, que recebeu denúncia inepta, caberá *habeas* dirigido ao Supremo Tribunal Federal.

11. Forma de impetração

A forma de impetração do *habeas corpus* é multifacetária, pois é possível que seja promovido através de qualquer meio idôneo de comunicação que permita expor, perfeitamente, os fatos e o direito-fim identificados com a liberdade de locomoção. Assim, o requerimento de *habeas* segue tanto no molde tradicional (em papel), como no meio virtual (internet), alcançando até admitidas formas extravagantes (em lençol de cama,[179] em metro de papel higiênico,[180] etc.).

De outra banda, é inegável que os meios de comunicação existentes em uma sociedade moderna estão cada vez mais desenvolvidos, tornando-se, ao lado da utilidade, em mecanismos imprescindíveis para as relações sociais. E como o *habeas corpus* é um instrumento que tutela o direito fundamental da liberdade de locomoção da pessoa, é certo que o mesmo não poderia ficar alienado e distante dos novíssimos mecanismos tecnológicos de comunicação.

Por esta razão, se antes já se admitia a impetração da ordem por fax, telegrama, radiograma ou telex,[181] é possível hoje se conhecer a ordem requerida por telefone,[182] *e-mail*,[183] entre outros. E veja-se que os Tribunais já possuem meios virtuais à disposição, sendo que em alguns, inclusive, já não há mais possibilidade de se promover distribuição física do requerimento (impetração através do sistema/internet).

---

[179] STJ, HC 295.085/CE, j.22.05.14.

[180] STJ, HC 321.776/SP, j.20.04.15.

[181] *HABEAS CORPUS* – Admite-se a impetração por fac-símile independente dos originais ante a natureza do *writ*. (*Revista do Tribunal Regional Federal da 4ª Região*, Porto Alegre, a. 5, n. 17, p. 217763, jan./mar., 1994).

[182] "... o telefonema do impetrante/paciente foi recebido pela Secretaria do Tribunal de Alçada, reduzido a certidão, onde a Secretária deu fé e autenticidade do recebido, presume-se que dita funcionária tenha, ao depois, retelefonado ao paciente/impetrante checando a mensagem e logrando extrair daí a autenticidade e veracidade do informe telefônico. Rejeita-se a preliminar de não conhecimento." RT 638/333.

[183] STJ/HC 49.296-SP. Mesmo sentido: STJ/HC 52.582-SP.

Contudo, não se pode olvidar da possibilidade de transmissão de dados e imagens, que obriga a regularização documental, ainda prestigiada pelo artigo 2º da Lei nº 9.800/99.

12. Requisitos da petição de *habeas corpus*

O pedido de *habeas corpus* deve ser formulado por escrito, em língua portuguesa, e conter o que prescreve o artigo 654, § 1º, do CPP:

a) o nome da pessoa que sofre ou está ameaçada de sofrer violência ou coação (o paciente) e o de quem exercer a violência, coação ou ameaça (o coator);

Trata-se da identificação mais perfeita possível do paciente e do coator, de forma a dar eficácia à ordem. Por certo, a ausência do nome completo do paciente não impedirá o *habeas*, desde que exista indicação segura de quem ele é, tal como prenome, alcunha, descrição física, endereço, profissão, etc. Já com relação ao coator, a referência ao seu exercício público, seja até de natureza militar, ou sua atividade nos casos dos particulares, será necessária (até para assegurar a competência), não sendo essencial a identificação pelo nome de batismo.

b) a declaração da espécie de constrangimento ou, em caso de simples ameaça de coação, as razões em que funda o seu temor;

A peça vestibular deve esclarecer a violação ao direito ambulatorial. Não é necessário que ao lado da referência da *causa petendi* o impetrante exponha dispositivos da lei, já que não se exige conhecimento técnico (tanto que qualquer pessoa pode ser impetrante). Porém, facilitará a compreensão do julgador a narrativa clara sobre o ocorrido e o que se pretende com a ordem, já que se constituem em elementos formais próprios de um petitório.

Para Ferracini:

"Toda a petição para ser bem entendida deverá ter os elementos mínimos necessários para que se a bem compreenda. São àquelas condições que Bulow e Goldschidt denominam formal."[184]

---

[184] FERRACINI, Luiz Alberto. *Habeas corpus*, doutrina, prática e jurisprudência. [S.l.]: De Direito, [s.d.], p. 33.

Logo, vale dizer que evidentemente os aspectos fáticos e de direito devem ser compreensíveis ao julgador.

c) assinatura do impetrante, ou de alguém a seu rogo, quando não souber ou não puder escrever, e a designação das respectivas residências.

Não se admite o pedido apócrifo ou anônimo, até porque não se pode crer em quem age às escondidas.[185] No caso do analfabeto, alguém deve assinar a seu rogo, pois é impossível a impetração apenas com a impressão digital. Outrossim, deve-se indicar as respectivas residências ou lugares em que possam ser encontrados o impetrante ou o assinante.

Se o meio de impetração não permitir a coleta da assinatura, é fundamental que a impetração venha autenticada pelas formas digitais e legais.

12.1. Petição deficiente e medida de ofício

Deve o juiz, em nome da proteção ao direito fundamental de locomoção, esforçar-se ao máximo para a compreensão do petitório, podendo até agir de ofício ou ordenar a intimação do impetrante para que supra alguma deficiência, antes de julgar prejudicado o pedido de *habeas*.

Para Pontes de Miranda:[186]

"O juiz deve preferir salvar a petição de habeas corpus a reputá-la inepta, incompleta ou contraditória. Se entende que falta algum pressuposto, ou informação, convém que mande seja satisfeita a exigência legal ou a sua.

(...)

Somente se exime do dever de expedição do mandado se a inépcia é tal que não lhe permita apreciação, inclusive quanto à informação, ou se a incompletude é tal que não haja sentido para ter como apenas omissa a petição, ou se a contradição retira qualquer caminho para a interpretação."

---

[185] A própria Carta Política, em seu art. 5º, IV, proíbe a manifestação do pensamento do anônimo.

[186] MIRANDA, Pontes de. História e prática do habeas corpus. Atualizado por Vilson Rodrigues Alves. São Paulo: Bookseller, 1999. t. II. p. 263-264.

E nesta esteira, segue a possibilidade do julgador, frente à petição que não contenha os requisitos legais, provocar diligências e até requisitar informações à autoridade apontada como coatora.

13. Produção de provas

O *habeas corpus* visa a garantir o direito líquido e certo correspondente à liberdade de locomoção. E como o direito líquido e certo é aquele visualizado de plano e incontroverso, o processamento do *habeas* obriga a existência de uma prova pré-constituída.

13.1. Prova pré-constituída e ausência de fase probatória

O processo de *habeas corpus* não possui fase própria para instrução probatória. Por esta razão que a prova do *mandamus* deve vir pronta, acostada ao petitório e com capacidade de evidenciar os aspectos fáticos e jurídicos alegados.

Preleciona Alves:

"A petição de *habeas corpus* deve ser instruída com os documentos necessários à comprovação dos fundamentos jurídicos expostos no pedido."[187]

Logo, como o processamento do *habeas* não possui contraditório e se caracteriza pela simplicidade e sumariedade, é essencial a presença de uma prova acabada. Diferente disto, em havendo cursivo instrutório, por certo haveria também retardamento procedimental, algo incompatível com o dinamismo necessário para solver a pretensão de tutela à liberdade de locomoção.

Assim, o rito do *habeas* pressupõe prova pré-constituída[188] do direito alegado, obrigando ao impetrante demonstrar, de maneira inequívoca, sua alegação de ofensa à liberdade locomotiva, sob pena de seu pedido não ser conhecido. E especial atenção deve ter aquele que possui *jus postulandi* e presumido conhecimento técnico, como exem-

---

[187] E prossegue o autor "Por exemplo, insurgindo-se o impetrante contra a prisão preventiva do paciente, anexará ao pedido certidão, ou cópia xerográfica autenticada, do decreto de custódia preventiva impugnado". ALVES, Antonio de Brito. *Habeas corpus*. Recife: EDUFP, 1972, p. 25.

[188] STJ, RHC 64446/SP, j. 19.11.15. Mesmo sentido RHC 31796/SP, j. 17.11.15.

plo o advogado, na instrução de sua petição,[189] já que nestes casos com maior razão deverá haver adequada instrução para conhecimento.[190]

13.1.1. A prova pré-constituída e seu exame judicial

Considerando que a cognição do *habeas* é sumária, pois inexiste etapa de produção de provas, é importante destacar que o exame judicial no ambiente do *mandamus* ocorrerá de imediato, em face da prova pré-constituída, e não através de uma cognição que se prolongue pelo tempo, própria da dilação probatória e comum ao tema controverso.

Por esta razão que no *mandamus* o impetrante resta obrigado a provar de pronto a afirmada ilegalidade contra o direito de liberdade de locomoção. Logo, desinteressa se o pedido do impetrante é curto ou longo, vem acompanhado de poucas ou muitas provas, se refere a processo com um ou vários volumes. O que vale é que a ilegalidade possa de súbito ser revelada.

O exame de matéria de fácil cognição, já que visualizada de plano, é de imediato, e não sinônimo de análise superficial. E nem poderia ser, pois o exame raso de um direito expõe precariedade inviável em um julgamento judicial que examina o sagrado direito à liberdade de locomoção.

13.2. Informações da autoridade coatora e parecer do *parquet*

É de se admitir que as informações prestadas pela autoridade apontada como coatora e os argumentos trazidos pelo parecer do Ministério Público sirvam como elementos de persuasão para o julgamento do pedido.

Nesta senda, até é possível se aceitar, quando presente outros elementos, que o silêncio do coator, em face da requisição judicial, seja interpretado como anuência às alegações do petitório. Porém, Demercian e Maluly professam que:

> "Como ensina Pontes de Miranda, se a autoridade coatora se esquiva a prestar esclarecimentos que lhe foram reiteradamente exigidos, deve ser interpretada tal omissão como tácita confirmação das alegações do impetrante. Tal conclusão, *concessa venia*,

---

[189] *Revista de Jurisprudência do Estado do Rio Grande do Sul*, RJTJRGS 170/71.

[190] Idem, 198/168.

só nos parece viável se o julgador não dispuser de outros elementos – fornecidos ou não com a impetração – que não indiquem a necessidade de denegação da ordem. Vale dizer, mesmo diante da contumácia da autoridade indigitada como coatora em não prestar as informações no momento azado, poderá o magistrado, a quem estiver afeto o julgamento, denegar a ordem pleiteada, se não vislumbrar, pelas informações constantes da impetração, a coação ilegal ou sua eventual ameaça."[191]

Veja-se que o processamento de *habeas corpus* não possui contraditório. Assim, as manifestações do coator não carregam natureza contestatória, já que são apenas informações.

Com relação ao parecer do Ministério Público, inexiste previsão legal para determinar a intervenção do Ministério Público *em habeas corpus* dirigido ao juiz singular. Contudo, admite-se ser do direito consuetudinário a abertura de vista ao Promotor de Justiça para parecer junto ao *habeas corpus* impetrado. Já nos tribunais estaduais e federais existe previsão legal que determina vista do *habeas corpus* ao Ministério Público (Decreto-Lei nº 552/69, artigo 1º e lei orgânica do Ministério Público nº 8.625/93, em seu artigo 41).

Vale dizer que a manifestação do *parquet* sobre a ordem impetrada se revela como opinião e, evidentemente, não como postulação.

O impetrante poderá examinar as informações da autoridade coatora e o parecer do Ministério Público, porém não será especialmente ouvido para estes atos, já que inviável ao dinamismo do rito.

13.3. Oitiva de testemunhas

A princípio é de não se admitir a inquirição de testemunhas no feito de *habeas corpus*, já que inexiste fase instrutória neste processamento.

Contudo, é possível que existam situações em que a prova testemunhal seja a única forma de demonstrar a ilegalidade contra o direito de locomoção.[192] E como este meio probatório é legal e a Constituição Federal não estabelece qualquer hierarquia entre as provas, nestas situações excepcionais é de se admitir a inquirição de testemunhas.[193]

---

[191] DEMERCIAN, Pedro Henrique; Maluly, Jorge Assaf. *Habeas corpus*. Rio de Janeiro: Aide, 1995, p. 126.

[192] Exemplo: o paciente é preso e escondido pela autoridade, o que é de conhecimento de uma testemunha.

[193] RTJJSP 74/229. Mesmo sentido: RT 526/359.

13.4. Diligências

Sobre a possibilidade ou não de se converter o julgamento em diligências, a fim de se colher maiores informações, é de se destacar que muito embora a lei se silencie sobre esta situação e, evidentemente, a conversão não seja indicada para procedimento simples e sumário, é de se lembrar que a tutela à liberdade de locomoção obriga a promoção de esforços excepcionais, razão que é possível se admitir a conversão do julgamento em diligências quando necessário.[194]

Ademais, se no processo penal brasileiro vigora o Princípio da Verdade Real com referência à produção das provas, o que para Inellas é a livre escolha e aceitação da prova e de sua valoração,[195] pode o juiz, com evidente razão no *habeas* e na proteção do sagrado direito de locomoção, determinar a diligência que entenda imperiosa.

---

[194] RT 472/340. Mesmo sentido STJ HC 2225/SP, j.2.2.94

[195] INELLAS, Gabriel Cesar Zaccaria de. *Da prova em matéria criminal*. Rio de Janeiro: Ed. Juarez de Oliveira, 2000, p. 39.

14. Pedido de liminar

Na antiga Roma as casas possuíam na soleira da porta de entrada uma especial pedra, cujo tamanho determinava a importância da propriedade e também do seu proprietário. Esta pedra, por dar início ao ingresso na residência, chamava-se de *pedra liminar*. Por sua vez, o Direito se apropriou desta concepção, firmando a ideia jurídica de ponto inicial.

O pedido liminar se refere, então, a um requerimento de início, de imediação, enquanto que a decisão liminar é uma ordem provisória, de soleira.

No âmbito do *habeas corpus*, a questão do pedido liminar é interessante. É que inexiste previsão legal para firmar liminar no pedido de *habeas* e se o *mandamus* é célere, cuja justa causa é perceptível *ictu oculi*, a princípio não haveria razão para a medida antecipatória. Contudo, a realidade fática revela delonga no julgamento do mérito do remédio heroico, razão que não se pode desprezar a oportunidade de decisões imediatas, em caráter liminar, a fim de satisfazer o devido direito.

Para Tourinho Filho:

"Uma das mais belas criações da nossa jurisprudência foi a da liminar em pedido de *habeas corpus*, assegurando de maneira mais eficaz o direito de liberdade."[196]

Por sua vez, o artigo 660, § 2º, do CPP estabelece: "Se os documentos que instruírem a petição evidenciarem a ilegalidade da coação, o juiz ou o tribunal ordenará que cesse imediatamente o constrangimento". Nesta esteira, muito embora inexista referência clara ao pedi-

---

[196] E o autor traz à lembrança o famoso caso da concessão da ordem para Mauro Borges, governador de Goiás, quando a auditoria da 4ª Região Militar decretou sua prisão, e as tropas partiram de Anápolis-GO em direção à Goiânia para prendê-lo. Impetrado o *habeas corpus*, o mesmo restou distribuído ao Relator Min. Gonçalves de Oliveira, mas em dia que não havia sessão no Supremo Tribunal Federal. E para evitar a consumação da violência, o Exmo. Ministro concedeu liminar para cassar a ordem de prisão, sendo que, posteriormente, o colegiado deu procedência ao *habeas*. TOURINHO FILHO, Fernando da Costa. *Processo penal*. Op. cit., p. 471-472.

do prévio, é possível se admitir que a legislação se harmoniza com a possibilidade de liminar junto ao *habeas corpus*.

Para o deferimento de liminar no *habeas* deve-se sempre se atentar para a existência das condições da ação, pois, se não houver possibilidade jurídica do pedido, interesse em agir, legitimidade *ad causam*, entre outros, o *habeas* restará prejudicado e não será razoável a concessão de liminar.

Deve, ainda, haver *periculum in mora* (risco que a demora na prestação jurisdicional possa acarretar ao direito, provocando-lhe danos irreparáveis) e *fumus bonis iuris* (existência de plausibilidade do direito invocado), os quais são requisitos próprios da cautela e permitem uma decisão antecipada. Contudo, não se pode confundir liminar com cautelar.

E Gagliardi ensina:

"A cautelar é uma ação dentro da ação principal, destinada a resolver uma faceta da questão, com urgência, tendo por isso como requisitos os nossos velhos conhecidos *fumus* e *periculum*. As cautelares não fazem coisa julgada, são alteráveis a qualquer momento e, no final do processo, são mantidas ou cassadas com o julgamento do feito principal. As liminares são um simples requerimento, no corpo de um processo, mas não chegam a ser ação: as medidas cautelares propriamente ditas constituem um procedimento, enquanto a liminar é requerimento dentro do processo. As liminares são uma espécie de gênero medida cautelar. Têm os mesmos requisitos e a característica da precariedade é comum a ambas."[197]

É importante gizar que o deferimento de liminar, em pedido de *habeas corpus*, não significa antecipação dos efeitos da sentença e, evidentemente, sequer pré-julgamento. A liminar se revela como providência para assegurar o direito esboçado pelo impetrante, inclusive para dar eficácia ao deferimento definitivo da ordem, se a mesma for concedida.

Conforme preleciona Alem, sobre a liminar:

"... Não se cuida de pré-julgamento, mas de medida acauteladora, de caráter mandamental, e tal se verifica pelo fato de que, concedida a segurança ao final, ausente a providência da suspensão dos efeitos do ato, poderia o pronunciamento final cair no vazio."[198]

---

[197] GAGLIARDI, Pedro. *As liminares em processo penal*. São Paulo: Saraiva, 1999, p. 20.
[198] ALEM, José Antonio. *Mandado de segurança*. 2.ed. Campinas: Péritas, 1996, p. 36.

Desta forma, é plenamente possível ser concedida liminar junto ao feito de *habeas corpus*.

Contudo, deve-se observar que, como o pedido liminar chega antes e provoca o poder jurisdicional a decidir por meio de informações precoces, é essencial que o juízo perfunctório tenha condições de reconhecer de plano a ilegalidade existente. Pois, se a mesma não vier esclarecida e evidenciada em momento anterior ao das informações da autoridade coatora, parecer do *parquet* entre outros, não restará outra alternativa que não o indeferimento do pedido liminar.

Por sua vez, a jurisprudência tem admitido a concessão de liminar junto ao remédio heroico.[199]

Já com relação à rejeição do pedido liminar junto ao *habeas corpus*, tem se observado a impetração de outro *habeas*, desta vez contra a decisão que não concedeu o requerimento prévio. Contudo, a súmula 691 do STF prescreve que não compete ao Supremo conhecer de *habeas* impetrado contra decisão do relator que, em *habeas* requerido a tribunal superior, indefere a liminar. Ilustra-se que o entendimento basilar desta súmula, aprovada na sessão plenária de 24.09.03 do Supremo, reside na supressão de instância, pois o julgamento pelo STF, em matéria não examinada pelo competente tribunal *a quo*, seria superposição.

Muito embora a vigência sumular, observa-se que o Excelso tem atenuado sua rigidez, concedendo de ofício a ordem[200] ou julgando o mérito,[201] em casos de decisão teratológica[202] ou manifesto constrangimento.[203] Assim, tem-se admitido *habeas* contra a liminar denegada em *habeas* pelo tribunal superior em caráter de excepcionalidade.[204]

---

[199] STJ, RHC 53893/MG, DJ 20.11.14.
[200] STF-HC 85.185/SP, rel. Cezar Peluso, j. 10.08.05.
[201] STF-HC86864-SP, rel. Carlos Veloso, j. 20.10.05.
[202] STF, HC 124817/AgR-SP, j. 24.11.15.
[203] STF, HC 129872/SP, j. 15.09.15.
[204] STF, HC 130723/SP, j. 24.11.15. Mesmo sentido: HC 129554/SP, j. 29.9.15.

15. Reiteração do pedido

Existe entendimento que não admite a reiteração do pedido de *habeas corpus* quando os argumentos e as demonstrações apresentados ao mesmo juízo forem iguais aos que fundamentaram o anterior petitório.[205] Logo, se a nova inicial espelha as alegações e o pedido do *mandamus* anteriormente impetrado, ao mesmo julgador, com mesma autoridade coatora e ato coator, ocorre reiteração o que inviabiliza o novo *habeas*.[206]

Entretanto, Demercian e Maluly professam:

"A sentença denegatória do *habeas corpus* não faz coisa julgada. É permitida, portanto, a reiteração do pedido desde que, no nosso entendimento, por novos motivos, outros documentos, etc. Releva considerar que, se a reiteração for mera repetição de motivos e argumentos já anteriormente aduzidos, a medida se mostrará de todo inócua, até porque a Câmara que apreciou a primeira impetração estará preventa, não havendo razão alguma para a modificação do provimento jurisdicional já anteriormente prestado, sem que se verifique qualquer alteração do panorama que, na primeira oportunidade, o ensejou."[207]

E nesta esteira, segue entendimento de que a decisão no *habeas corpus* não faz coisa julgada,[208] sequer coisa julgada material,[209] razão que se tratando de matéria relevante, e que é a liberdade do indivíduo, enquanto não for concedida a ordem, o pedido será indefinitivamente repetitível.

---

[205] *HABEAS CORPUS* – O presente *habeas corpus* é repetição de anteriores, em que as mesmas questões foram apreciadas e repelidas. Ordem denegada. Rev. TRF da 4ª R., Porto Alegre, a. 5, n. 17, p. 220-274, jan./mar., 1994. Mesmo sentido: JTJ LEX 114/523, RT 671/378, 491/351, 427/457 e *Revista do Tribunal Regional Federal da 4ª Região*, Porto Alegre, a. 5, n. 17, p. 220-274, jan./mar., 1994.

[206] AgRg/RHC 58730, DJ 27/05/15.

[207] Demercian, Pedro Henrique; Maluly, Jorge Assaf. Op. cit, p. 142.

[208] TJDF- HC 6126, RBCCrim. 2/244.

[209] RT 594/331. Mesmo sentido: RT 674/306 e 462/365.

Para Machado

"... em qualquer caso de denegação da ordem, sempre será possível a reiteração do pedido ao mesmo órgão judicial, ou uma nova impetração nas instâncias superiores, ainda que baseada nos mesmo fatos e argumentos. De modo que, em defesa da liberdade individual de locomoção, admite-se a impetração sucessiva de *habeas corpus*, seja na mesma instância que o denegou, seja na instância superior." [210]

Destarte, firmam-se decisões pelo cabimento da renovação do pedido de *habeas*.[211]

Contudo, é de se destacar que nos casos de mera repetição de *habeas*, com fundamento no excesso de prazo, não haverá qualquer controvérsia sobre a possibilidade de nova impetração. É que nestes casos, em havendo entre os dois *mandamus* impetrados acréscimo de tempo retardatório, a nova temporalidade deverá ser observada para o outro julgamento sobre o excesso. Assim, julgados têm admitido a reiteração, em caso de delonga processual.[212]

---

[210] MACHADO, Antônio Alberto. *Curso de Processo Penal*. 2ªed. São Paulo: Atlas, 2009, p. 675.

[211] RT493/344. Mesmo sentido: RT423/382, 450/75, 462/333, JUTACRIM-SP 59/340 e 43/85.

[212] RT597/357. Mesmo sentido: JTJ LEX 117/511.

16. Do rito

O procedimento do *habeas*, cujo processamento terá prioridade no julgamento sobre os demais feitos, é célere. E não poderia ser diferente, quando se trata de instrumento para afastar a violação à liberdade locomotora.

Para Faria Costa

"... quando se viola o direito de liberdade, detendo ou prendendo abusivamente, o que se exige da própria comunidade é um expediente que possa fazer com que cesse, de forma mais rápida, aquela violação. A esta necessidade tem respondido satisfatoriamente o *habeas corpus*."[213]

Ademais, o procedimento do *habeas* é simples, pois se apresenta com reduzida formalidade.[214]

Nesta esteira, é possível se admitir a sumariedade e simplicidade, como características principais do procedimento de *habeas corpus*.

É verdade que alguns acrescentam, ainda, ao procedimento do *habeas* a característica da generalidade, ou seja, que incluiu a totalidade, já que tem sua extensão ampliada. Vale dizer que a abrangência do *habeas* atinge um universo amplo de alcance, a ponto de tanto a autoridade como o particular serem objeto de controle judicial no que tange a legalidade.

Segundo Soler, González e Brun

"El procedimiento se caracteriza por las siguientes caracteristicas: a) sencillez y carencia de formalismos; b) celeridad, y c) ge-

---

[213] FARIA COSTA, José de. *Linhas de Direito Penal e de Filosofia: alguns cruzamentos reflexivos*. Coimbra: Ed. Coimbra, 2005, p. 54.

[214] A Lei Orgânica espanhola, nº6/1984, em sua exposição de motivos refere que *la eficaz regulación de Habeas Corpus exige, por tanto, la articulación de un procedimiento lo suficientemente rápido como para conseguir la inmediata verificación judicial de la legalidad y las condiciones de la detención, y lo suficientemente sencillo como para que sea accesible a todos los ciudadanos y permita, sin complicaciones innecesarias, el acesso a la autoridad judicial*. Ley de Enjuiciamiento Criminal y otras normas procesales. Edición preparada por Julio Muerza Esparza. 10ª ed. Cizur Menor: Thomson, Aranzadi. 2005, 525.

neralidad, tanto respecto de las personas, como de los supuestos de detención." [215]

Contudo, não nos convencemos que a generalidade seja afeita ao procedimento do *habeas*. É que tal característica se vincula à legitimidade e não ao rito.

Com relação ao procedimento e seu desenvolvimento, é necessário exame no regimento interno de cada tribunal para evitar equívocos. No Supremo, o *habeas* vem redigido a partir do artigo 188 do regimento interno. Já no Tribunal Superior, o *habeas corpus* vem estatuído a partir do artigo 201 do seu regimento. No Tribunal de Justiça gaúcho, o *habeas* vem descrito nos artigos 273 e seguintes do regimento interno. No Tribunal Regional Federal da 4ª Região, o *habeas* vem a partir do artigo 211.

Porém, destaca-se que poderá faltar a intimação para a sessão de julgamento do *habeas,* perante o tribunal. É que a súmula 431 do STF prescreve que é nulo o julgamento de recurso criminal, na segunda instância, sem prévia intimação, ou publicação da pauta, salvo em *habeas corpus*. Ocorre que tal preceito deve ser mitigado nos casos de delonga no processamento do *mandamus*, pois é razoável a promoção de cientificação para não se compelir que o impetrante passe a frequentar todas as sessões do colegiado à espera do julgamento de seu interesse. E nesta esteira, já se entendeu que em longo transcurso entre a conclusão dos autos e o julgamento, é necessária a intimação do impetrante.[216] Outrossim, nos casos de requerimentos expressos, já se nulificou julgamento por ausência de intimação, para permitir a sustentação oral.[217]

É possível se traçar, de forma pedagógica, mas não definitiva, o procedimento do *habeas* frente ao juízo singular:

1 – Distribuição do pedido para o julgador, o qual, recebendo, decidirá imediatamente sobre a liminar, se houver. (Forte no artigo 656 do CPP, poderá, se o paciente estiver preso, ser determinada a sua apresentação ao juízo, em data e local determinados.)

2 – O juiz requisitará informações ao apontado como coator. (Destaca-se que a lei refere a faculdade da requisição aos *habeas* impetrados nos tribunais. Artigos 662 e 664 do CPP.)

---

[215] SOLER, José Maria Rifá; GONZÁLEZ, Manuel Richard; BRUN, Iñaki Riaño. *Derecho Procesal Penal*. Pamplona: Instituto Navarro de Administración Pública, 2006, p. 664.

[216] STJ, RHC 7.198-7/SP, j. 24.03.98.

[217] STF HC 93.101/SP, j. 04.12.07. Mesmo sentido: STJ HC 93.557/AM, j.19.02.08.

3 – O juiz dará vista ao Ministério Público para parecer. (O Decreto-Lei nº 552/69, artigo 1º e lei orgânica do Ministério Público nº 8.625/93, em seu artigo 41, III, estabelece vista dos autos a ser julgado pelas turmas ou câmaras.)

4 – Por fim, o juiz sentenciará, observando os ditames do artigo 381 do CPP.

Desta forma, em face da celeridade e simplicidade, é comum se definir o rito do *habeas* como sumaríssimo.

17. Decisão

No estudo sobre as decisões atinentes ao *habeas*, é possível se depreender distintos pronunciamentos judiciais. E sem a pretensão de qualquer exaustão, exemplificam-se alguns:

17.1. Admissibilidade

Haverá um juízo de admissibilidade junto à petição do impetrante.

Em sendo conhecido o pedido e em se tratando de *habeas* impetrado no tribunal, forte arts. 662 e 664 do CPP, o presidente poderá requisitar informações junto à autoridade apontada como coatora e após, obrigatoriamente, determinará parecer do Ministério Público. Observa-se que na praxe forense, os juízes singulares de 1ª instância outrossim decidem pela requisição de informações e ofertam vista ao *parquet* para parecer.

Se o julgador entender imprescindível, decidirá pela apresentação do paciente preso, para interrogatório em dia e horário designados.

17.2. Sentença

Em se tratando de sentença, cuja própria expressão nos remete à ideia de sentimento, o juiz fará sua manifestação intelectual lógica e formal, aplicando o ordenamento legal ao caso concreto. Assim, a sentença do *habeas corpus* deverá observar as exigências referidas pelo artigo 381 do CPP. Ou seja, os nomes das partes ou, quando não possível, as indicações necessárias para identificá-las; a exposição sucinta do alegado, das informações do coator e do parecer do Ministério Público; a indicação dos motivos de fato e de direito em que se fundar a decisão (garantia constitucional, artigo 93, IX, CF); a indicação dos artigos de lei aplicados; o fechamento do decisório (dispositivo); a data e a assinatura do juiz.

17.3. Acórdão

Em sendo decisão de colegiado (acórdão), vale dizer que o mesmo deve conter obrigatoriamente o relatório, a fundamentação e a parte dispositiva. Depreende-se que as mesmas lógicas formais referidas à sentença deverão estar presentes no que couber, e a decisão será tomada por maioria de votos. Em caso de empate haverá o voto do presidente, porém se este já tiver votado, prevalecerá a decisão mais favorável ao paciente.

Veja-se que decisão de órgão colegiado de um tribunal, ainda trará ementa (resumo do decisório), bem como o nome do julgador relator e dos demais participantes, sendo que, no caso de votação não unânime, ainda a exposição do voto vencido.

17.4. Concessão da ordem

Em se tratando de concessão de ordem, o decisório deverá ser cristalino e expor se é o caso de:
- colocar em liberdade o paciente, salvo se por outro motivo deva ser mantido na prisão (artigo 660, § 1º), expedindo-se alvará de soltura;
- cassar a ameaça à liberdade do paciente, expedindo-se salvo--conduto em seu favor (artigo 660, § 4º);
- arbitrar fiança em favor do paciente, remetendo-se o feito a autoridade (artigo 660, § 3º);
- determinar alguma outra medida para afastar a ilegalidade contra a liberdade de locomoção;

18. Dos recursos

A origem etimológica da expressão *recurso* firma-se no vocábulo latino *recursus*, derivado do verbo *recuerrere*, que significa *retornar, retroagir, retroceder*. É que o processo possui um curso que se traduz em um movimento para a frente e a verificação de uma decisão prolatada faz voltar os olhos ao passado.

Nesta senda, para Prado e Bonilha o recurso se trata de:

"[...] providência legal imposta ao juiz ou concedida à parte interessada, consistente em um meio de se obter nova apreciação da decisão ou situação processual, com o fim de corrigi-la, modificá-la ou confirmá-la."[218]

Por certo, o recurso se harmoniza com a natural busca de satisfação do homem, pois oferta ao vencido mitigação de sua inconformidade, ao possibilitar a reforma de uma decisão que lhe é desfavorável. Outrossim, é possível observar que o recurso possui fundamento na própria proteção do indivíduo contra a falibilidade humana.

18.1. Recurso necessário

O recurso necessário teve origem na apelação *ex officio*, instrumento utilizado para limitar os excessos promovidos pelos julgadores, nos processos inquisitivos portugueses do século XIV, já que toda matéria criminal julgada devia ser reexaminada por ouvidores reais. Desta forma, havia extremo controle na atividade do judicante.

No aspecto ontológico, é certo que o recurso necessário se difere do recurso voluntário, pois, entre outros, busca o conhecimento e confirmação da decisão pelo tribunal, e não, propriamente, sua reforma. Por isso que não há neste *reexame ex officio* interesse jurídico próprio

---

[218] PRADO, Amauri Reno do; BONILHA, José Carlos Mascari. *Manual de Processo Penal*. São Paulo: Juarez de Oliveira, 2000, p. 272.

de recursante e, tampouco, alegações persuasivas.[219] Basta que o sentenciante, ao final de seu decisório, determine a remessa do feito ao tribunal para o devido reexame.

O fundamento do recurso de ofício está na presunção de que determinadas decisões, por refletirem interesse público especial, merecem ser submetidas ao duplo grau de jurisdição. Assim, este reexame se revela em pressuposto de valência ao decisório. Tanto que para Grinover, Fernandes e Gomes Filho[220] o reexame necessário é condição de eficácia da decisão, pois esta só findará após a confirmação no grau superior. E neste trilhar, segue a Súmula n° 423 do STF e que dispõe que não transita em julgado a sentença por haver omitido o recurso *ex officio*, que se considera interposto *ex lege*.

É verdade que algumas decisões seguiram no sentido de que o recurso necessário violaria os princípios da inércia jurisdicional, da dignidade do cidadão e da ampla defesa, sendo resquício do sistema inquisitório, incompatível com a vocação da Constituição cidadã e resíduo de poluição antidemocrática.[221] Ademais, violaria os ditames do artigo 129, I, da CF,[222] razão que estaria revogada sua obrigatoriedade de interposição.[223]

Contudo, o reexame necessário se mantém no cenário jurídico pátrio, já que prevalece o entendimento de sua constitucionalidade,[224] inclusive por inexistir qualquer incompatibilidade junto ao artigo 129, I, da CF.[225]

O artigo 574, II, do CPP estabelece que a sentença que conceder *habeas corpus* obriga ao recurso *ex officio*. E como a lei se refere à sentença, é de ser entendida esta como decisão de juiz singular de primeiro grau, sujeita ao duplo grau de jurisdição ou à fiscalização dos órgãos jurisdicionais competentes.[226]

---

[219] O recurso de ofício se assemelha ao ato homologatório, por isso que se promove sem o interesse jurídico do recorrente e sem razões de persuasão. Do contrário, haveria o absurdo em que o juiz decidiria e recorreria de sua própria decisão.

[220] GRINOVER, Ada Pellegrini, GOMES FILHO, Antonio Magalhães; FERNANDES, Antonio Scarance. *Recursos no processo penal*. 2.ed. São Paulo: Revista dos Tribunais, 1999.

[221] TJRS, Recurso de Ofício n° 698142767, j.02.09.98.

[222] RT 677/374. Mesmo sentido: 698/384 e 659/305.

[223] *Revista do Tribunal Regional Federal da 4ª Região*, Porto Alegre, a. 5, n. 17, p. 226-261, jan./mar., 1994.

[224] TJSP, RHC 990081470675, j.10/02/2009. Mesmo sentido: 990080325582, 28.08.08.

[225] STF, HC 75.417, DJ 20/03/98.

[226] Por sua vez, a súmula 344 do STF informa que a sentença de primeira instância concessiva de *habeas corpus*, em caso de crime praticado em detrimento de bens, serviços ou interesses da União, está sujeita a recurso *ex officio*.

Mesmo firmado o recurso necessário, nada impedirá que seja interposto recurso voluntário pelas partes, com a devida motivação que busque convencer pelo provimento. E se alguma matéria de nulidade não for arguida no voluntário, o *ex officio* solucionará, pois a súmula 160 do STF preconiza como nula a decisão do Tribunal que acolhe, contra o réu, nulidade não arguida no recurso da acusação, ressalvados os casos de recurso de ofício.

Ausente do decisório o recurso de ofício quando devido, professa Marques[227] que ocorrerá incompletude e inoperância daquele. Nestas condições, não haverá trânsito em julgado da sentença, pois dita a súmula 423 do STF que não transita em julgado a sentença por haver omitido o recurso *ex officio*, que se considera interposto *ex lege*.

Entretanto, ausente o *ex officio*, mas interposto recurso voluntário, como a matéria será conhecida pelo Tribunal em razão deste, a omissão daquele não será problema.

18.2. Recurso voluntário

Diferentemente dos recursos necessários, o voluntário depende, efetivamente, do interesse da parte, bem como dos prazos legais.

18.2.1. Recurso em sentido estrito

A decisão do juiz que concede ou denega ordem de *habeas* admite ser atacada via recurso *stricto* (artigo 581, X, do CPP). O prazo para interposição recursal é de 5 dias (artigo 586 do CPP).

Como o recurso em sentido estrito só será cabível nas decisões do juiz singular de primeira instância, o recurso ordinário constitucional, estabelecido nos artigos 102, II, *a*, e 105, II, *a*, da Constituição Federal é que será o meio possível para se recorrer contra as decisões denegatórias de *habeas* dos tribunais.

Entendemos que, se a ordem for denegada e o impetrante for alguém do povo, sem capacidade postulatória, ele próprio poderá recorrer em sentido estrito. Ora, se a pessoa tem o direito de promover a ação de *habeas corpus*, é certo que também faz *jus* aos direitos existentes dentro desta ação, entre os quais o de recorrer (quem pode o

---
[227] MARQUES, José Frederico. Op. cit., p. 394.

mais, pode o menos). Neste sentido, já se entendeu pela legitimidade do recurso, promovido pelo impetrante leigo.[228]

Já com relação à substituição do recurso em sentido estrito por *habeas*, sempre defendemos que, em caso de denegação da ordem, poderia o recorrente desprezar o recurso ordinário e optar pela impetração de outro *habeas*, desta vez dirigido ao tribunal, seja em razão das condições da ação, bem como em face da celeridade processual, com ausência de contraditório. Contudo, a jurisprudência firmou orientação no sentido de que o *habeas* não pode ser utilizado como substituto de recurso próprio,[229] exceto quando a ilegalidade apontada for flagrante, hipótese em que se concede a ordem de ofício. Nesta esteira, não se admitiu a substituição do recurso em sentido estrito por *habeas*.[230]

18.2.2 Embargos de declaração

Como podem ser objetos de embargos declaratórios as decisões interlocutórias simples, interlocutória mista terminativa, interlocutória mista não terminativa, a sentença e o acórdão, é de se concluir que qualquer decisório vinculado ao *habeas* e que necessite ser esclarecido permite oposição de embargos de declaração.

Nos termos dos artigos 382 (sentença) e 619 do CPP (acórdão), os embargos poderão ser opostos no prazo de dois dias, quando houver no decisório ambiguidade, obscuridade, contradição ou omissão.

Ambiguidade é a *dúvida*, ou seja, o decisório contém assertivas que permitem diversas interpretações.

Obscuridade é a *incompreensão* e ocorre quando a falta de clareza no decisório impossibilita o exato entendimento de seus limites. A diferença entre obscuridade e ambiguidade está em que nesta existe dúvida, enquanto naquela sequer dúvida existe.

Contradição é a *divergência* e ocorre quando o decisório apresenta duas proposições antagônicas e que não podem subsistir concomitantemente.

---

[228] Detém legitimidade para recorrer da decisão que denega o *habeas corpus* o paciente leigo, independentemente de advogado, porque seria um ilogismo admitir o mais, que é a impetração e inadmitir o menor, que é o recurso. TJ/RS, proc. nº 70001645209, de 26.10.00.

[229] STJ HC 289157/SP, DP 6.4.15. Mesmo sentido: HC 300169/SC, DP 13/15/15.

[230] TJ/RJ – HC 00275808320128190000, DP 09.09.12. Mesmo sentido: TJ/MG – HC 10000150 559359000, DP 03.09.15.

Omissão é a *falta* e se observa quando o decisório resta carente de algum elemento obrigatório.

Quanto ao efeito dos embargos de declaração, salienta-se que existe entendimento no sentido de que estes, no processo criminal, interrompem o prazo recursal para ambas as partes (analogia aos artigos 538 do CPC e 3º do CPP).[231] Porém, tal interrupção não ocorrerá, se os embargos não forem conhecidos por intempestividade.[232] E se os embargos forem manifestamente intempestivos e não interromperem o prazo do embargante, o mesmo não se dirá ao embargado, pois como ele não tem como verificar de plano a referida intempestividade, não pode ser prejudicado.[233]

De outra banda, em se tratando de juizado especial criminal, o prazo dos embargos é de cinco dias e os efeitos suspendem o prazo recursal (artigos 83, §§ 1º e 2º, da Lei nº 9.099/95).

18.2.3. Recursos constitucionais

Trata-se dos recursos estabelecidos pela Carta Política.

18.2.3.1. Recurso ordinário ao Supremo Tribunal Federal.

O artigo 102, III, *a*, CF, estabelece o Supremo Tribunal Federal como competente para julgar os *habeas corpus*, em recurso ordinário, denegados em única instância pelos Tribunais Superiores. Logo, para o cabimento deste recurso, deverá haver decisão denegatória, promovida em pedido de *habeas* e proferida pelo Superior Tribunal de Justiça, Tribunal Superior Eleitoral, Tribunal Superior do Trabalho ou Superior Tribunal Militar.

Conforme a Súmula nº 319 do STF, o prazo do recurso ordinário para o Supremo Tribunal Federal em *habeas* é de 5 dias, o que se harmoniza com o artigo 30 e seguintes da Lei nº 8.038/90.

O recurso ordinário constitucional não exige prequestionamento, pois pode ser deferido de ofício.[234] E para seu conhecimento, basta que a coação seja imputável ao órgão de jurisdição inferior, o que tanto

---

[231] STJ, AgRg nos EDcl no REsp 802.620/SP, j. 01.09.11. Mesmo sentido: TJ/RS, RSE 70029758984, j. 10.09.09.

[232] STJ, AgRg no REsp 1352199/MG, DJe 02.03.13. Mesmo sentido: AgRg nos EDcl no AREsp 360.088/SP, j. 17.10.13.

[233] STJ, REsp 1505383/DF, j. 17.09.15. Mesmo sentido:REsp 869.366/PR, j. 17.06.10.

[234] STF, HC 71216, j.10.05.94.

ocorre quando esse haja examinado e repelido a ilegalidade aventada, quanto se omite de decidir sobre a alegação do impetrante ou sobre matéria sobre a qual, no âmbito de conhecimento da causa, devesse se pronunciar.[235]

Observa-se que, em caso de concessão da ordem pelo tribunal superior, restará prejudicado o recurso ordinário constitucional, cabendo ao Ministério Público, se for o caso, interpor recurso extraordinário ao STF.

Outrossim, tem-se entendido que diante da dicção do artigo 102, II, a, CF, é incabível a impetração de novo *habeas*, substituindo o recurso ordinário constitucional, já que esta alteração escamoteia o instituto recursal próprio e burla o preceito constitucional.[236]

Vale dizer, ainda, que se tem entendido como incabível *habeas corpus* contra decisão proferida em recurso ordinário em *habeas corpus* pelo Tribunal Superior.[237] E se julgado pelo Superior Tribunal de Justiça o recurso ordinário formalizado em processo revelador de impetração, o acesso ao Supremo faz-se em via das mais afuniladas, ou seja, mediante recurso extraordinário.[238] O *habeas* não pode ser substitutivo de recurso extraordinário.[239] Por certo, que quando do manejo inadequado do *habeas* como substitutivo, nada impede sua análise de ofício, quando nas hipóteses de flagrante ilegalidade.[240]

Destaca-se que em face da súmula 606 do STF, não cabe *habeas* originário para o tribunal pleno de decisão de turma, ou do plenário, proferida em *habeas* ou no respectivo recurso.

18.2.3.2. Recurso ordinário ao Superior Tribunal de Justiça.

O artigo 105, II, *a*, CF, estabelece o Superior Tribunal de Justiça como competente para julgar os *habeas corpus*, em recurso ordinário, denegados em única ou última instância pelos Tribunais Regionais Federais ou pelos tribunais dos Estados, do Distrito Federal e dos Territórios. Nesta senda, deverá haver decisão denegatória de *habeas* impetrado no âmbito da *única instância*, competência originária, ou *última instância*, quando há anterior pedido julgado e denegado.

---

[235] STF, HC 87639, j 11.04.06.
[236] STF, HC 103274/RJ, j.08.09.15. Mesmo sentido HC 126756/SP, j. 23.06.15.
[237] STF, ED no HC 126.563 j. 3.0-3.15.
[238] STF, HC 110.055, DJ 9.11.2012.
[239] STF, HC 110.055/MG, j. 16.11.12.
[240] STF, HC 113.805, DJ 15.4.13.

Evidentemente, se a ordem for concedida, o recurso ordinário constitucional não será cabível.

O prazo para interposição deste recurso é de cinco dias (artigo 30 da Lei nº 8.038/90).

O recurso ordinário constitucional não exige prequestionamento.[241]

Segue o entendimento de que o *habeas* não pode ser utilizado como substitutivo deste recurso, a fim de que não se desvirtue a finalidade dessa garantia constitucional, com exceção de quando a ilegalidade é flagrante, hipótese em que se concede *habeas* de ofício.[242]

18.2.3.3. Recurso extraordinário ao Supremo Tribunal Federal

O artigo 102, III, CF, estabelece o Supremo Tribunal Federal como competente para julgar, em recurso extraordinário, as causas decididas, em única ou última instância, quando a decisão recorrida:

- *Contrariar dispositivo desta constituição,* ou seja, violação direta da lei constitucional;
- *Declarar a inconstitucionalidade de tratado ou lei federal,* significa dizer que a decisão reconhece tratado ou lei federal contrário à Constituição;
- *Julgar válida lei ou ato de governo local contestado em face desta Constituição,* quando o tribunal não dá provimento à impugnação de inconstitucionalidade promovida contra lei ou ato municipal ou estadual;
- *Julgar válida lei local contestada em face de lei federal,* quando há impugnação de lei municipal ou estadual, forte em lei federal.

Muito embora a Súmula 602 do STF prescreva que nas causas criminais o prazo de interposição de recurso extraordinário é de 10 (dez) dias, a mesma perdeu seu sentido, já que tinha como fundamento a Lei nº 3.396/58, a qual foi expressamente revogada pelo artigo 44 da Lei nº 8.038/90. Assim, forte no artigo 26 da Lei nº 8.038/90, o prazo é de 15 dias.

Outrossim, para a admissibilidade do recurso extraordinário é necessário que não seja cabível qualquer recurso ordinário (Súmula 281 do STF), não se trate de matéria de reexame de prova (Súmula

---

[241] STJ, HC 8355/SP, j.06.04.99. Mesmo sentido: HC 7728/SC, j. 6.8.98.

[242] STJ, HC 313166/MG, j.05.11.15. Mesmo sentido HC 336293/RJ, j. 03.11.15 e HC 332655/SC, j.27.10.15.

279 do STF), tenha havido prequestionamento (Súmula 282 do STF) e exista repercussão geral de questão constitucional.

18.2.3.4. Recurso especial ao Superior Tribunal de Justiça

O artigo 105, III, CF estabelece o Superior Tribunal de Justiça como competente para julgar, em recurso especial, as causas decididas, em única ou última instância, pelos Tribunais Regionais Federais ou pelos Tribunais dos Estados, do Distrito Federal e dos Territórios, desde que a decisão recorrida:

• *Contrariar tratado ou lei federal, ou negar-lhes vigência;*

Trata-se da interpretação equivocada do texto legal. Quanto à negação da vigência legal, é uma espécie de contrariedade à lei.

• *Julgar válida lei ou ato de governo local contestado em face de lei federal;*

Sendo a lei federal de maior hierarquia frente às leis estaduais ou municipais, prevalecerá sempre aquela sobre as estas.

• *Der à lei federal interpretação divergente da que lhe haja atribuído outro tribunal;*

Trata-se de discordância atual, a respeito de uma lei federal promovida por dois tribunais diferentes. As regras para comprovação da divergência vêm estabelecidas no artigo 255 do Regimento Interno do Superior Tribunal de Justiça.

O prazo de interposição do recurso especial é de 15 dias (artigo 26 da Lei nº 8.038/90)

Para a admissibilidade do recurso especial, também é necessário que não seja cabível qualquer recurso ordinário, não se trate de matéria de reexame de prova (Súmula 7 do STJ) e tenha havido prequestionamento.

18.2.4. Agravo de instrumento

O artigo 28 da Lei nº 8.038/90 preceitua que, denegado o recurso extraordinário ou o recurso especial, caberá agravo de instrumento para o Supremo Tribunal Federal ou para o Superior Tribunal de Justiça, conforme o caso.

O prazo de interposição do agravo de instrumento é de 5 dias (artigo 28, da Lei nº 8.038/90). E, em se tratando de agravo em agravo de instrumento, outrossim, será de 5 dias. É verdade que restou efervescente a questão do prazo, em face da alteração trazida pela Lei n° 12.322/10 ao artigo 544, *caput*, do Código de Processo Civil, firmando o prazo de 10 dias. Porém, a jurisprudência manteve o entendimento da súmula 699 do STF e que estabelece que o prazo para interposição de agravo, em processo penal, é de 5 dias, já que em matéria criminal aplica-se o artigo 28 da Lei n° 8.038/1990 e não a alteração trazida pela Lei n° 12.322/10.[243]

18.2.5. Da impossibilidade de embargos infringentes ou de nulidade

Existem entendimentos[244] não admitindo embargos infringentes ou de nulidade (artigo 609, parágrafo único, do CPP) contra a decisão em *habeas* de colegiado, não unânime e desfavorável ao paciente. Por certo, é acertada esta orientação, pois os referidos embargos só são cabíveis em decisão não unânime, de segunda instância e desfavorável ao réu. Ora, o *habeas* não é recurso e tampouco possui réu. Ademais, seu julgamento não ocorre em segunda instância, mas em instância originária.

Já com relação ao Supremo Tribunal Federal, ilustra-se que o mesmo tem entendido pelo não cabimento dos embargos infringentes no *habeas* julgado pelo Excelso, em face de ausência de previsão regimental.[245]

---

[243] STF, ARE 793712 AgR/SP, j.10.11.15. Mesmo sentido ARE 895742 ASgR/SC, j. 06.10.15.

[244] STJ, HC 92.394/RS, j. 27.03.08. Mesmo sentido: AgRg no REsp 1070784/RS, j. 10.03.09; RJTJRGS 157/47, RT 571/295 e RJTJSP 82/464, 85/402.

[245] STF, HC 108261 EI-AgR, j. 15.03.12.

19. *Habeas corpus* contra a prisão civil

Conforme os termos da Constituição, em seu artigo 5º, LXVII:

"Não haverá prisão civil por dívida, salvo a do responsável pelo inadimplemento voluntário e inescusável de obrigação alimentícia e a do depositário infiel."

19.1. Alimentante inadimplente

A drástica ordem de prisão civil ao devedor de alimentos ocorre para compeli-lo ao cumprimento de sua obrigação, a qual é essencial à sobrevivência de uma pessoa. Por esta razão, este tipo de prisão possui natureza de coação civil, já que não carrega a lógica da punição, própria do Direito Penal. Significa dizer que com a prisão civil se busca provocar rapidamente o cumprimento da satisfação devida, tanto que se oportuniza ao alimentante evitar a custódia com o pagamento dos alimentos ou com a revelação da real impossibilidade de fazê-lo.

A prisão civil, em face de inadimplência de alimentos, encontra-se regrada pelo artigo 19 da Lei nº 5.478/68, bem como artigo 733, § 1º, do CPC e não deve ser confundida com a prisão penal provisória ou definitiva, seja inclusive forte no artigo 244 do CP[246] e que prevê o crime de abandono material.

Como o artigo 19 Lei nº 5.478/68 refere prazo da prisão civil alimentar de no máximo 60 dias e o artigo 733, § 1º, do CPC expõe o

---

[246] Deixar, sem justa causa, de prover a subsistência do cônjuge, ou de filho menor de 18 anos ou inapto para o trabalho ou de ascendente inválido ou valetudinário, não lhes proporcionando os recursos necessários ou faltando ao pagamento de pensão alimentícia judicialmente acordada, fixada ou majorada; deixar, sem justa causa, de socorrer descendente ou ascendente gravemente enfermo: Pena – Detenção de 1 (um) ano a 4 (quatro) anos e multa, de uma a dez vêzes o maior salário-mínimo vigente no País. Parágrafo único. Nas mesmas penas incide quem, sendo solvente, frustra ou ilide, de qualquer modo, inclusive por abandono injustificado de emprego ou função, o pagamento de pensão alimentícia judicialmente acordada, fixada ou majorada.

máximo de 3 meses, professa Assis[247] que esta prisão não pode exceder o prazo máximo de 60 dias. E nesse sentido, segue jurisprudência estabelecendo que o prazo máximo para prisão civil por dívida de alimentos é de 60 dias.[248]

A prisão por alimentos deverá suceder a atuação do Estado-Juiz, com observância do procedimento civil prescrito, da ampla defesa, do contraditório e de uma decisão fundamentada. Uma vez preso, o alimentante não poderá ter novamente sua prisão decretada, em face das mesmas prestações vencidas e exigidas, senão por outras que se vencerem.

Prevalece o entendimento de que a prisão civil, para obrigar o alimentante a satisfazer sua obrigação para com o alimentado, deve vir representada pelas três últimas prestações, sendo as anteriores vinculadas a cobrança de procedimento próprio. E neste sentido, segue a súmula 309 do STJ que prescreve que o débito alimentar que autoriza a prisão civil do alimentante é o que compreende as três prestações anteriores à citação e as que vencerem no curso do processo.

Giza-se que se as prestações pretéritas e não cobradas tornaram-se antigas por culpa do alimentado, é possível se admitir certa dispensabilidade à sobrevivência, o que não justificaria a decretação da prisão. Nestes casos, acreditando-se que as quantias não sejam mais de caráter alimentar, mas, sim, de ressarcimento de despesas feitas, é cabível o *habeas*.[249]

Existe a possibilidade de o juiz renovar, no mesmo processo de execução de alimentos, o decreto prisional coercitivo em relação a

---

[247] "Existe bradante, profundo e lamentável descompasso quanto ao prazo de prisão do alimentante. Fixa o interregno de um a três meses o art. 733, § 1º, cujo *caput*, todavia, alude a alimentos 'provisionais'. De seu turno, o art. 19, caput, da Lei 5.478/68, com redação do art. 4º da Lei 6.014, de 27.12.73, limita o tempo de custódia a sessenta dias, quando o objeto da pretensão constitui alimentos 'definitivos'. ... Esforço notável realizou Adroaldo Furtado Fabrício a fim de harmonizar as normas discrepantes. Argumenta que, adaptada a Lei 5.478/68 por diploma posterior ao Código de Processo Civil, não quanto à vigência, e, sim, no concernente à existência – a Lei 6.014/73 entrou em vigor em 31.12.73; o Código, em 1.1.74 –, o prazo máximo de prisão segue regulado pela lei especial, que contém 'regra mais favorável ao paciente da medida excepcional (odiosa restringenda)'. Em que pese a divisão da doutrina, o caráter duvidoso da almejada uniformidade do prazo, o campo inconcidente – alimentos provisionais/alimentos definitivos – e bem delimitado de aplicação das normas, e as objeções técnicas no âmbito do direito intertemporal à última orientação, dúvida alguma há do renovado prestígio da corrente. Assim, alterando a opção anteriormente realizada, se adota, aqui, a tese de que, em nenhuma hipótese, o prazo excederá a sessenta dias. Favorece a exegese o disposto no art. 620: a prisão é providência executiva e o procedimento executório se desenvolverá pelo meio menos gravoso ao devedor". ASSIS, Araken. Manual do Processo de Execução. 4.ed. São Paulo: RT, 1997, p. 923/924.

[248] TJRS, HC 70057749459, j. 27/02/2014. Mesmo sentido: HC 70054197009, j. 16.05.13 e 70053195293, j. 27.02.13.

[249] STF HC 5180/MG, j. 10.06.97.

parcelas vencidas no curso do processo, após analisar a conveniência e oportunidade da custódia. E neste sentido, segue jurisprudência admitindo a renovação, desde que seja observado o prazo máximo firmado em lei.[250]

Se foram propostas sucessivas execuções de alimentos, todas pelo procedimento do artigo 733 do CPC, mostra-se inviável o cumprimento cumulativo dos decretos prisionais, expedidos em cada um dos processos, pois, nesta hipótese, estaria configurado *bis in idem*, considerando que as prestações que se vencerem no curso da primeira execução e, portanto, abrangidas pelo primeiro decreto prisional serão, justamente, o objeto das execuções posteriores. Desta forma, o cumprimento cumulativo dos decretos prisionais expedidos em processos distintos frustra a finalidade da prisão que deve ser decretada, excepcionalmente, para coagir o devedor a adimplir o débito alimentar e não como mecanismo de punição pelo não pagamento.[251]

Vale dizer que a dívida de alimentos compensatórios, os quais foram fixados para restaurar o equilíbrio econômico-financeiro rompido com a dissolução do casamento dos litigantes, não conduz à prisão civil. E neste sentido seguem julgados.[252]

Firmou-se a orientação de que a prisão civil não poderá ser decretada de ofício.[253] É que sendo o credor quem está em melhores condições que o juiz para avaliar a eficácia e a oportunidade da prisão, é de se outorgar a ele o direito de requerer. Assim, deixa-se ao exequente a liberdade de pedir ou não a aplicação desse meio executivo de coação, até porque pode acontecer que ele, maior interessado na questão, por qualquer motivo, entenda que não é oportuno ou até inconveniente a prisão.[254]

A fim de objurgar a prisão civil, poderá o alimentante, com fundamento no artigo 522 do CPC, interpor agravo, buscando, forte no artigo 558 do CPC, suspender o cumprimento da decisão prisional até o pronunciamento definitivo da turma ou câmara, ou impetrar ordem de *habeas corpus*. Contudo, para a escolha entre agravo ou *habeas*, deve-se atentar para o prazo do recurso/agravo, bem como ao aspecto de que o *habeas corpus* só será admitido para enfrentar matéria de

---

[250] STJ HC 297792/SP, j. 11.11.14.

[251] STJ HC 39902/MG, j. 18.04.06.

[252] STJ, Ag RecEsp, 663.430 – GO , j. 23.11.15. Mesmo sentido: TJRS, AI, nº 70060142320, j. 17.07.14; 70062361282, 11.12.14.

[253] TJSC, HC 426298 SC 2007.042629-8, j. 20.11.07. Mesmo sentido: TJMG 1374412 MG 1.0000.00.137441-2/000(1), j.23.03.99.

[254] TJSP, HC, RT486/258. Mesmo sentido RT 497/289.

fácil cognição, visualizada de plano, incontroversa, já que protege o direito líquido e certo vinculado à liberdade de locomoção. Ou seja, deve ser uma prisão civil flagrantemente ilegal.[255]

Assim, se o tema sobre a prisão civil for complexo, o *mandamus* restará prejudicado, pois é limitado o exame em face de sua via estreita.[256] E não se fale em utilizar o *habeas corpus* como sucedâneo recursal do agravo, pois se a decisão já foi atacada por este recurso, outros meios de impugnação ficarão prejudicados. E neste sentido já se decidiu pela impossibilidade, em face do princípio da unirrecorribilidade.[257]

E se houver manifesta ameaça de prisão civil, outrossim, caberá o remédio heroico. Neste aspecto, pode-se observar que o ilegal processo executório de alimentos firma constrangimento. E professa Cahali:

"... identifica agora, no simples procedimento executório instaurado por opção do credor, no que este "tenderia" à decretação final da prisão do devedor relapso, uma ameaça à sua liberdade pessoal, a símile da denúncia no processo crime ou da abertura de inquérito policial contra o paciente."[258]

Nesta esteira, por exemplo, a mera expedição de mandado citatório, referindo possibilidade de decretação de prisão, em feito manifestamente indevido, revela flagrante constrangimento ilegal. Cabível, então, *habeas corpus* preventivo.[259]

Com relação à possibilidade de intervenção do alimentado junto ao *habeas* cujo paciente seja o alimentante, considerando que há legítimo interesse daquele no cumprimento da obrigação, bem como se tratar de prisão civil que possui finalidade coercitiva, é possível se admitir a intervenção do credor para pontuais aclaramentos. Por certo, tal situação não ofende a lógica de que o *habeas* seja procedimento simples, sumário e sem contraditório, pois não se pode impor óbice às intervenções que venham a servir à justiça, com esclarecimentos de aspectos omitidos pela impetração.

---

[255] *Revista de Jurisprudência do Estado do Rio Grande do Sul*, RJTJRGS 196/382.

[256] TJ/RS HC 70065530156, j. 06.08.15. Mesmo sentido HC 70058687906, j. 26.03.14.

[257] TJ/RS HC 598295657, j. 23.09.98: "... a decisão judicial determinativa do aprisionamento foi alvo de recurso de agravo de instrumento, que restou improvido. Consagrado o estatuto processual o princípio da unirrecorribilidade, não se pode permitir o uso do *writ* como sucedâneo recursal o que enseja sua rejeição...".

[258] CAHALI, Yussef Said. *Dos Alimentos*. 4 ed. rev. ampl. e atual. de acordo com o Novo Código Civil. São Paulo: RT, 2002, p. 1061.

[259] STJ, RHC 11556/MG, j. 07.08.01.

19.2. Depositário infiel

Desde já se esclarece que se pacificou o entendimento de que a não é mais cabível a prisão civil do depositário infiel, seja qual for a modalidade do depósito (contrato de depósito; contrato de alienação fiduciária; depositário infiel judicial).

É verdade que inicialmente o entendimento que prevalecia na interpretação da norma constitucional era de que a mesma restava vinculada ao depósito tradicional, ou seja, em que o depositário era aquele que recebia algo para guardar e manter, com a obrigação de devolver quando lhe fosse determinado, mediante prisão (artigo 627 do CC prevê que pelo contrato de depósito recebe o depositário um objeto móvel, para guardar, até que o depositante o reclame e o artigo 652 do CC refere que o depositário que não o restituir quando exigido será compelido a fazê-lo mediante prisão não excedente a um ano, e ressarcir os prejuízos). E esta orientação se manteve mesmo ao lado das ilações no sentido de que normas infraconstitucionais ampliavam as regras do depósito, como o Decreto-Lei nº 911/69, ao tratar da conversão da ação de busca e apreensão em depósito, permitindo equiparar o devedor fiduciário ao depositário infiel.

Porém, em face da assinatura do Brasil junto ao Pacto Internacional dos Direitos Civis e Políticos de 1966, aprovado através do Decreto Legislativo nº 226/91 e adotado pelo Decreto Presidencial nº 592/92, bem como junto à Convenção Americana de Direitos Humanos de 1969, aprovada pelo Decreto Legislativo nº 27/92 e adotada pelo Decreto Presidencial nº 678/92, firmou-se a regra de que ninguém poderia ser preso por não poder cumprir uma obrigação contratual (PIDCP) e que ninguém deveria ser detido por dívidas, com exceção de inadimplemento de obrigação alimentar (CADH).

Ou seja, o Brasil então se comprometeu e estabeleceu lei pátria no sentido de que só seria admitida prisão civil por dívida de alimentos, descabendo qualquer outro tipo de prisão civil.

Desta forma, reformou-se o entendimento inicial passando a prevalecer a orientação de que é ilegal a prisão do depositário infiel. E neste sentido, o Supremo Tribunal Federal consolidou a orientação de que é ilícita tal prisão civil, seja em que modalidade de depósito for.[260]

---

[260] STF, RE nº 466.343/SP, j.03.12.08. Mesmo sentido AI 526078 AgR/SP, j. 22.04.14.

20. *Habeas corpus* na área trabalhista

No âmbito trabalhista, o estudo do *habeas corpus* obriga ao conhecimento do artigo 114 da CF, resultado da alteração trazida pela Emenda Constitucional nº 45/2004 e que ofertou à Justiça do Trabalho ampliação de sua competência material.

E se antes havia divergência jurisprudencial sobre questões de competências trabalhistas, em destaque às atinentes à prisão do depositário infiel, é evidente que com o afastamento desta espécie de prisão civil do cenário jurídico brasileiro, bem como com o ingresso do artigo 114, IV, CF (compete à Justiça do Trabalho o julgamento de *habeas corpus*, quando o ato questionado envolver matéria sujeita à sua jurisdição), não há mais se dizer sobre conflito de interpretação.

Assim, caberá *habeas corpus*, a ser processado e julgado pela Justiça do Trabalho, quando a questão for de direito trabalhista e ocorrer ofensa à garantia fundamental da liberdade de locomoção do indivíduo.

Como exemplo, podemos observar o atleta que, em razão de contrato com o clube, está impedido de participar em outras competições. Ora, todo indivíduo tem direito à livre escolha de ir, vir e ficar, o que resulta por trabalhar onde e em que tempo desejar. Logo, cabível *habeas* para permitir o afastamento do atleta do clube contratado e oportunizar que seja aceito por outros, inclusive em campeonatos.[261]

Outro exemplo, é o músico que possui contrato com uma rede de telecomunicações, o qual lhe proíbe de participar em determinados espetáculos. Uma vez que ele tem direito de ir, vir e ficar, é possível o *habeas* para autorizar os shows obstaculizados pelo pacto.

É bem verdade que neste sentido, a liberdade pessoal assim entendida transcende ao alcance tradicional vinculado ao *habeas corpus*

---

[261] TST, HC 3981-95.2012.5.00.0000, decisão monocrática j. 27.04.12.

e a concepção de constrangimento físico, já que adota um ideário de proteção ainda maior.

Neste sentido, segue a lição de Ruotolo:

"... la garanzia dell' *habeas corpus* non deve essere intesa soltando in rapporto alla coercizione física delle persone, ma anche menomazione della libertà morale, quando tale menomazione implichi un assoggettamento totale della persona all' altrui potere."[262]

Por certo, que nos exemplos acima, nada impede discussões pecuniárias. Porém, o direito de locomoção jungido à relação de trabalho e firmado na justa causa (rescisão indireta, instituto próprio da relação de emprego e exercício regular do direito) deve ser garantido.

Ainda vale dizer que existe entendimento de que a dívida trabalhista de caráter alimentar deve, outrossim, determinar a prisão do devedor.

Conforme professa Rangel:

"A prisão civil do devedor de alimentos será também daquele que é inadimplente de débitos trabalhistas de natureza alimentar, nos exatos limites da Constituição da República. Razão pela qual a justiça do trabalho será competente para processar e julgar, eventual, pedido de *habeas corpus*."[263]

Entretanto, não acompanhamos este entendimento, pois o preceito constitucional e que permite a prisão civil do devedor de alimentos está vinculado aos alimentos tradicionais, firmados na lógica da relação alimentante/possibilidade e alimentado/necessidade. E foram estes alimentos tradicionais que restaram adotados pelos pactos que o Brasil foi signatário e após tornou lei. Nesta senda, nos alimentos tradicionais, não há a livre escolha como ocorre no vínculo de trabalho, sequer conexão intrínseca de prestação (trabalho) e contraprestação (salário), própria da relação trabalhista. Assim, pela distinção existente, os débitos trabalhistas não se constituem em créditos a serem coagidos pela prisão civil.

Em havendo ofensa à liberdade locomotora na esfera trabalhista, indubitavelmente será cabível o *habeas corpus*,[264] mesmo em se tratan-

---

[262] RUOTOLO, Marco. *Habeas corpus*, In Diritti Umani, cultura dei diritti e dignità della persona nell'epoca della globalizzazione. Direzione scientifica di Marcelo Flores. Coordinamento di Marcelo Flores, Tana Grioppi e Riccardo Pisillo Mazzeschi. Torino:Unione Tipografico-Editrice Torinese, 2007, p. 698.

[263] RANGEL, Paulo. *Direito Processual Penal*. 20.ed. São Paulo: Atlas, 2012, p.1056.

[264] *Revista do Tribunal Regional do Trabalho da 4ª Região*, n. 24/214.

do de processo com possibilidade de recurso ordinário, agravo de petição (artigos 895 e 897, *a*, da CLT) entre outros.

Porém, a opção pelo *habeas* em detrimento de recurso processual trabalhista obriga a atenção especial, pois enquanto que este possui prazo a ser observado, o *habeas corpus* só será cabível se a matéria for de fácil cognição, visualizada de plano e incontroversa, própria do direito líquido e certo. E vale dizer que não se poderá interpor recurso processual e, em sequência, *habeas corpus* contra a mesma decisão, pois somente um meio de impugnação será possível ao decisório coativo.

Já com relação à intervenção de terceiros no *habeas corpus* impetrado na justiça do trabalho, muito embora se trate de procedimento simples, sumário e sem contraditório, entendemos pelo cabimento da interferência quando ocorrer legítimo interesse da parte e a intervenção venha a apontar aclaramentos sobre aspectos omitidos pela impetração, de forma a servir, efetivamente, à justiça.

21. *Habeas corpus* na área militar

O direito militar não se restringe ao mero conhecimento das normas que regulam as infrações militares. Sua área de abrangência regulamenta todo universo das relações castrenses. E Maynez ensina

"El derecho militar (lato sensu) no se reduce, sin embargo, al estudio de las leyes que castigan las infracciones militares; refiérese también, como dice el professor Octavio Véjar Vásquez, a las normas 'que coordinan, sincronizan y conciertan las relaciones derivadas de la vida marcial'."[265]

Nesta senda, em face de sua gizada abrangência, o direito castrense resulta por estabelecer necessárias divisões internas, entre as quais a que especifica a Justiça Militar Federal e a Justiça Militar Estadual,[266] com distintas organizações judiciárias.

Porém, no âmbito penal militar e que se refere à liberdade ambulatorial do indivíduo, depreende-se que a regulamentação jurídica protetiva é a mesma: havendo ilegalidade contra a liberdade de locomoção é cabível *habeas corpus*.

O artigo 122 da CF estabelece como órgãos da Justiça Militar o Superior Tribunal Militar, os Tribunais e Juízes Militares instituídos por lei. E o artigo 124 da CF, firma a competência da Justiça Militar, junto aos crimes militares definidos em lei, sendo que seu parágrafo

---

[265] MAYNEZ, Eduardo Garcia. *Introduccion al estudio del derecho*. México: Porrua, 1984, p. 143.

[266] Veja-se, ainda, que o art. 125 da CF estabelece que os Estados organizarão sua Justiça, sendo que o § 3º refere que a lei estadual poderá criar, mediante proposta do Tribunal de Justiça, a Justiça Militar estadual, constituída, em primeiro grau, pelos juízes de direito e pelos Conselhos de Justiça e, em segundo grau, pelo próprio Tribunal de Justiça, ou por Tribunal de Justiça Militar nos Estados em que o efetivo militar seja superior a vinte mil integrantes. Por sua vez, o § 4º preceitua que compete à Justiça Militar estadual processar e julgar os militares dos Estados, nos crimes militares definidos em lei e as ações judiciais contra atos disciplinares militares, ressalvada a competência do júri quando a vítima for civil, cabendo ao tribunal competente decidir sobre a perda do posto e da patente dos oficiais e da graduação das praças. Já o § 5º estabelece que compete aos juízes de direito do juízo militar processar e julgar, singularmente, os crimes militares cometidos contra civis e as ações judiciais contra atos disciplinares militares, cabendo ao Conselho de Justiça, sob a presidência de juiz de direito, processar e julgar os demais crimes militares.

único destaca que a lei disporá sobre a organização, o funcionamento e a competência da Justiça Militar. Desta forma, o direito militar possui fundamento na Constituição Federal, no Código Penal Militar (Decreto-lei nº 1.001/69), no Código de Processo Penal Militar (Decreto-lei nº 1.002/69), entre outros.

Ocorrendo ofensa à liberdade locomotora no âmbito militar, e desde que não se trate de punição conforme os Regulamentos Disciplinares das Forças Armadas ou em face de medidas que a Constituição do Brasil autoriza durante o estado de sítio ou casos especiais, será cabível *habeas corpus*.

Como o artigo 142, § 2º, da CF determina que não caberá *habeas corpus* em relação a punições disciplinares militares (a proibição, outrossim, alcança a Polícia Militar, nos termos do artigo 144, §§ 5º e 6º, da CF) não se pode confundir esta transgressão castrense com o efetivo crime militar. É que a falta disciplinar vem observada pela administração do serviço público, enquanto que o crime militar guarda relação direta entre a punição e o poder judicante.

Para Meireles:[267]

"Não se deve confundir o poder disciplinar da Administração com o poder punitivo do Estado, realizado através da Justiça Penal. O poder disciplinar é exercido como faculdade punitiva interna da Administração, e, por isso mesmo, só abrange as infrações relacionadas com o serviço; a punição criminal é aplicada com finalidade social, visando a repressão de crimes e contravenções definidas nas leis penais e por esse motivo é realizada fora da Administração ativa, pelo Poder Judiciário."

Salienta-se que o Estatuto Militar (Lei nº 6.880/80) em seu artigo 51 preceitua que o militar que se julgar prejudicado ou ofendido por qualquer ato administrativo ou disciplinar de superior hierárquico poderá recorrer ou interpor pedido de reconsideração, queixa ou representação, segundo regulamentação específica de cada Força Armada. Já o artigo 51, § 3º, da aludida lei firma que o militar só poderá recorrer ao Judiciário após esgotados todos os recursos administrativos e deverá participar esta iniciativa, antecipadamente, à autoridade à qual estiver subordinado.[268]

Conforme se observa do Código de Processo Penal Militar, o *habeas corpus* vem regrado a partir do artigo 466.

---

[267] MEIRELLES, Hely Lopes. *Direito administrativo brasileiro*. 22. ed. São Paulo: Malheiros, 1997, p. 103.

[268] Resta observado o art. 5º, XXXV, CF e que expõe que a lei não excluirá da apreciação do Poder Judiciário lesão ou ameaça a direito.

Segundo a processualística penal militar, o remédio heroico pode ser impetrado por qualquer pessoa, bem como pelo Ministério Público (artigo 470 do CPPM).

Contudo, é de salientar que o § 1º do artigo 470 do CPPM preceitua que o pedido de *habeas* será rejeitado quando o paciente a ele se opuser. Ora, entendemos que tal situação é de ser avaliada com a razoabilidade que o caso concreto exigir. É que se de um lado existe o sagrado direito fundamental à liberdade de locomoção e que permite interpretar que a impetração do *habeas* independe da vontade do paciente, o que por sinal é professado por Aquino e Nalini;[269] de outro lado é possível se depreender que a oposição do paciente possa se dar com evidente justificação, como, por exemplo, nos casos em que possa haver reflexo negativo a sua linha de defesa. Assim, sugerimos que o § 1º do artigo 470 seja relativizado.

Quando a ilegalidade vier de juiz ou auditoria que conheça os feitos relativos à Marinha, Exército e Aeronáutica, teremos como órgão julgador do *habeas corpus* o Superior Tribunal Militar, artigo 6º, I, c, da Lei nº 8.457/92. Caso este tribunal denegue a ordem, em decisão de única instância, caberá recurso ordinário para o Supremo Tribunal Federal, face ao artigo 102, II, *a*, da CF.

No caso da Justiça Militar Estadual é diferente. Examinando, como exemplo, a Constituição do Estado do Rio Grande do Sul, em seu artigo 104, temos que a Justiça Militar Estadual se estabelece com seus órgãos do 1º Grau (Conselhos de Justiça) e de 2º Grau (Tribunal Militar do Estado). Desta forma, este Tribunal julgará os *habeas corpus* quando a autoridade coatora for um de seus órgãos de 1º Grau. (Competência: Justiça Militar Estadual).[270]

Já o recurso ordinário contra a decisão do Tribunal Militar do Estado que denega ordem de *habeas corpus* será endereçado para o Superior Tribunal de Justiça, face ao artigo 105, II, *a*, da Carta Magna.

E nesta esteira, caberá *habeas corpus* na seara militar, por exemplo, para decretar nulidade do feito por excesso de prazo,[271] em face de inobservância de formalidade legais,[272] para impedir processo contra civil que tenha praticado crime contra a Polícia Militar do Estado,[273] entre outros.

---

[269] AQUINO, José Carlos G. Xavier de; NALINI, José Renato. *Manual de processo penal*. São Paulo: Saraiva 1997, p. 314.

[270] *Revista de Jurisprudência Penal Militar*, Porto Alegre, n. 208, p. 366, jan./jun., 1997.

[271] Idem, n. 253, p. 436/313, jul./dez., 1997.

[272] Idem, n. 241, p. 366, jan./jun., 1997.

[273] STF-HC 70604/SP, j. 10/05/94.

Porém, é de se destacar a súmula 694 do STF e que preceitua que não cabe *habeas* contra imposição de pena de exclusão de militar ou de perda de patente ou de função pública.

22. *Habeas corpus* na área eleitoral

Considerando que no âmbito eleitoral poderá ocorrer a prisão do indivíduo, é de se admitir a impetração do *habeas corpus* a fim de assegurar a liberdade locomotora.

Por certo, a regra de competência deverá observar a questão eleitoral, bem como as autoridades e os juízos aos quais aquelas estão sujeitas.

O artigo 118 do CF e seus incisos prescrevem os órgãos da Justiça Eleitoral como sendo o Tribunal Superior Eleitoral, os Tribunais Regionais Eleitorais, os Juízes Eleitorais e as Juntas Eleitorais. Por sua vez, o Código Eleitoral, consubstanciado na Lei nº 4.737/65, estabelece crimes eleitorais.

Ilustra-se que o recurso cabível contra a decisão do Tribunal Regional Eleitoral que denega ordem originária de *habeas corpus* será o ordinário-eleitoral, conforme consagra o artigo 276, II, alínea *b*, combinado com o § 1º do Código Eleitoral. Este recurso ordinário-eleitoral deverá ser interposto no prazo de três dias e será endereçado ao Tribunal Superior Eleitoral. E observando o disposto no artigo 102, II, *a*, da Carta Magna, temos que caberá recurso ordinário para o Supremo Tribunal Federal quando a decisão do Tribunal Superior Eleitoral, proferida em única instância, denegar ordem de *habeas corpus*.[274]

É importante destacar que o *habeas corpus* não será concedido em ações eleitorais de natureza cível, já que nesta seara não haverá privação da liberdade de locomoção.[275]

Outrossim, o *habeas* no ambiente eleitoral é amplo, podendo se realizar na espécie liberatório, preventivo e profilático, neste último

---

[274] *HABEAS CORPUS* – Condenação nas sanções do art. 324, § 1º, do Código Eleitoral. *Habeas corpus* anteriormente impetrado perante o TSE. Incompetência do TRE para apreciar o feito. (*Revista do Tribunal Regional Eleitoral do Estado do Rio Grande do Sul*, v. 4, nº 10/200).

[275] TSE AgR-HC nº 176-48.2015.6 .00.0000/ES, j. 06.08.15.

caso, como exemplos, para rechaçar gravação ilícita em face de indução para vantagem em troca de votos[276] e desconstituir busca e apreensão determinada por juiz eleitoral em residência de prefeito.[277]

---

[276] TSE HC 309-90.2015.6.00.0000/BA, j. 10.09.15.
[277] TSE RHC 1263-72.2014.618.0000/PI, j. 25.08.15.

23. *Habeas corpus* no Juizado Especial Criminal

Com o aparecimento da Lei n° 9.099/95, que instituiu o Juizado Especial Criminal, as contravenções penais e os crimes em que a lei comine pena máxima não superior a 2 (dois) anos, cumulada ou não com multa, passaram a ser considerados como infrações penais de menor potencial ofensivo (artigo 61 da Lei n° 9.099/95).

E, muito embora no ambiente do Juizado Especial Criminal vários institutos venham a beneficiar o indivíduo (composição, artigo 73, transação, artigo 76 e suspensão processual, artigo 89) é possível a aplicação da pena privativa de liberdade. E basta lembrar a conversão da pena restritiva de direito em prisão para se visualizar a possibilidade da impetração. Desta forma, tem havido o conhecimento de *habeas* no sistema do Juizado Especial Criminal.[278]

Assim, sendo o coator autoridade vinculada à infração de menor potencial ofensivo, caberá ao Juiz do JECriminal processar e julgar o *habeas* impetrado. Exemplo, se o Delegado da Polícia Federal for coator, em face de ilegal termo circunstanciado de crime de menor potencialidade ofensiva, caberá ao Juiz Federal, com competência junto ao Juizado Especial Federal, receber o *mandamus*.

Já se for o Juiz do JECriminal a autoridade apontada como coatora, a ação de *habeas* deverá ser direcionada ao colegiado recursal, ou seja, turma.[279] Por certo, este entendimento é intuitivo, em face do artigo 82 da Lei n° 9.099/95 e que trata do julgamento da apelação.

Porém, caso seja a turma recursal apontada como coatora, é de se ter cuidado com a súmula 690 do STF e que prescreve que compete originariamente ao STF o julgamento de *habeas* contra decisão de turma recursal de JECriminal. É que esse entendimento restou superado por decisões posteriores do próprio STF e que afastaram a competência

---

[278] STF, HC 80218, j. 08.08.00.

[279] TJ/RS HC 70001318757, j. 27/07/00. Mesmo sentido: HC n° 70000820217, j 12/04/2000.

do excelso para julgamento do remédio heroico, tendo a turma recursal como coatora, firmando a dos tribunais de segundo grau.[280]

Para Savaris e Xavier,

"... é curiosa a alteração da linha de entendimento jurisprudencial, pois a Súmula 690 do STF foi editada com fundamento em precedentes julgados após a Emenda Constitucional 22/99 e ainda está em vigor."[281]

Vale dizer, ainda, que, nesta esteira, não cabe, contra a decisão das turmas do JECriminal, recurso ordinário constitucional ao Superior Tribunal de Justiça.[282]

---

[280] STF, HC 86.634, j. 23.08.06. Mesmo sentido: STJ, HC nº104191, j. 07/06/2010.

[281] SAVARIS, José Antonio; XAVIER, Flavia da Silva *Manual dos Recursos nos Juizados Especiais Federais.* 4.ed. Curitiba: juruá, 2013, p. 385.

[282] STJ, RHC 30171/RS j. 11.10.11.

24. *Habeas corpus* na Violência Doméstica (Lei 11.340/06)

No cenário da violência doméstica, é possível que ocorra o cerceamento da liberdade do indivíduo, razão do cabimento de *habeas corpus* a fim de assegurar o exercício locomotor.

Veja-se que a Lei nº 11.340/06, comumente chamada de Maria da Penha, veio para firmar mecanismos que reprimissem a violência doméstica e familiar contra a mulher, além de criar juizados especiais e medidas de assistência e proteção às mulheres vítimas desta agressão.

Considerando que esta lei dirige-se à mulher, em favor do equilíbrio, não há proteção especial ao homem e tão pouco ofensa ao critério da igualdade. Assim, mesmo não estando o gênero masculino albergado pela Maria da Penha, existe julgado aplicando a lei em favor de transexual (homem por nascimento) vulnerável, com fundamento na dignidade da pessoa humana e na concepção de que o gênero feminino é uma construção social de cada indivíduo.[283] Outrossim, em situação extrema, já se decidiu pela aplicação da Lei Maria da Penha em favor de homem em situação de risco ou de violência decorrentes da relação familiar.[284]

Giza-se que a abrangência desta lei vem abarcando, inclusive, as relações extraconjugais quando a violência contra a mulher ocorre no âmbito da unidade doméstica, da família ou de qualquer relação íntima de afeto, na qual o agressor conviva ou tenha convivido.[285]

Conforme o artigo 13 da lei, são empregadas ao processo, ao julgamento e à execução das causas criminais decorrentes da prática de

---

[283] 9ª Câmara Criminal do Tribunal de Justiça de São Paulo, novembro/2015. Disponível em: <http://www.tjsp.jus.br/Institucional/Comesp/AssuntosInteresse/PublicacoesAssuntosInteresse.aspx?Id=6932>. Acesso em 09.02.16.

[284] TJ-MG, Apl.Crim. 1.067207240510-9/001, j. 29.04.08. Mesmo sentido: Apl. Crim. 1.0672.07.249317-0/001, j. 06.11.07.

[285] STJ, RHC 43927/RS, j.28/04/15.

violência doméstica e familiar contra a mulher as normas do Código de Processo Penal, entre outras. Veja-se que o artigo 41, e que veda a aplicação das regras despenalizadoras ditadas pela Lei 9.099/95, foi reconhecido como constitucional pelo plenário do Supremo Tribunal Federal,[286] que o considerou, entre outros, conforme a política normativa e a concretude do artigo 226, § 8º, da Constituição, já que o Estado deve assegurar a assistência à família, aos seus integrantes, criando mecanismos para coibir a violência no âmbito de suas relações.

Apesar de haver previsão expressa no sentido de se admitir prisão preventiva em qualquer fase do inquérito policial ou da instrução criminal (art. 20), tem sido comum a aplicação isolada ou cumulativa de medidas protetivas de urgência pelo juiz, destacando-se (art. 22):

I – suspensão da posse ou restrição do porte de armas, com comunicação ao órgão competente;
II – afastamento do lar, domicílio ou local de convivência com a ofendida;
III – proibição de determinadas condutas, entre as quais:
a) aproximação da ofendida, de seus familiares e das testemunhas, fixando o limite mínimo de distância entre estes e o agressor;
b) contato com a ofendida, seus familiares e testemunhas por qualquer meio de comunicação;
c) frequentação de determinados lugares a fim de preservar a integridade física e psicológica da ofendida;
IV – restrição ou suspensão de visitas aos dependentes menores, ouvida a equipe de atendimento multidisciplinar ou serviço similar;
V – prestação de alimentos provisionais ou provisórios.

Salienta-se que como estas medidas buscam a proteção da mulher, de seus familiares e de seu patrimônio, contra violência e ameaça, as mesmas podem ser deferidas independentemente de processo principal. Nesta esteira, existem diferenças entre estas medidas e aquelas cautelares estatuídas no art. 282, I, do Código de Processo Penal, as quais servem para assegurar o processo criminal e seu resultado. E segundo Dias, as medidas protetivas da Maria da Penha não visam processos, mas pessoas.[287] Ademais, estas medidas podem ser decretadas quando inexistente qualquer crime, bastando alguma das hipóteses elencadas no art. 7º da 11.340/06.

---

[286] STF, HC 106212/MS, j. 24.03.11.

[287] DIAS, Maria Berenice. *A Lei Maria da Penha na justiça*. 3. ed. São Paulo: Revista dos Tribunais, 2012.

O descumprimento das medidas protetivas não tipifica o crime de desobediência (art. 330 do Código Penal), em face da existência, sem ressalva expressa de cumulação, de sanções de natureza civil (art. 22, § 4º, da Lei nº 11.340/2006 e art. 461, §§ 5º e 6º, do Código de Processo Civil). Ademais, existe a possibilidade de prisão preventiva do agente (art. 313, inciso III, do Código de Processo Penal). E neste sentido, já restou assentada decisão.[288]

Por certo, a Lei Maria da Penha não modificou as regras de imposição de prisão em flagrante nos casos de violência doméstica. Tanto que segue entendimento de que a aferição da situação de flagrância na Lei nº 11.340/06 há que atender as hipóteses dos arts. 302 ou 303, do Código de Processo Penal.[289]

Com relação às medidas protetivas de limitações (como afastamento, não aproximação ou proibição de frequentação), o tema sobre o cabimento do *habeas* é interessante. Existe decisão de que o *habeas* não se constitui em meio idôneo para se pleitear revogação das medidas protetivas da Maria da Penha,[290] bem como que a fixação destas medidas não autoriza impetração de *habeas*, pois o direito constitucional de liberdade não é violado ou na iminência de sê-lo.[291] Porém, há decisão do Superior Tribunal de Justiça admitindo o *habeas* contra estas medidas protetivas, com fundamento, entre outros, de que se existe proibição à alguém em se aproximar de outrem e óbice de frequentar algum local, decerto há limitação de sua liberdade de ir e vir.[292] Outrossim, já se admitiu *habeas* em favor daqueles afastados do lar e que não figuravam na relação litigiosa.[293]

De nosso lado, entendemos que em havendo determinação ilegal de afastamento, de não aproximação ou de proibição de frequentação, existe, outrossim, ilegal restrição à liberdade de locomoção, razão que resta possível a impetração do *habeas*. Ademais, salienta-se a lição de Sharpe,[294] para quem a liberdade, independente do confinamento, pode ser cerceada em um sentido qualitativo:

---

[288] STJ, HC 286602/RS, j. 05/08/14.

[289] TJMG, HC 90275/2008, j. 17/09/08.

[290] STJ, RHC 31984/PI, j. 25/06/13.

[291] STJ, RHC 31984/PI, j. 25/06/13. Mesmo sentido: TJAL, HC 0802632- 97.2013.8.02.0900, j. 18/12/13.

[292] STJ, HC 298499/AL, j. 01/12/15.

[293] STJ, HC 108437/DF, p. 16.02.09.

[294] SHARPE, R. J. *The Law of Habeas Corpus*. Oxford: Second Edition. Clarendon Press, 1989, p. 165.

"As well as territorial restraints, the freedom of the individual may be curtailed in a more qualitative sense. This occurs where the individual's right to live and to come and go as he or she pleases is restricted even though there is no confinement within a given perimeter".

E não é demais lembrar que uma vez descumprida a medida protetiva da Lei Maria da Penha, a prisão preventiva poderá ser decretada. Assim, temos como equivocada a orientação que impede o *habeas* para afastar as medidas protetivas e que atentam contra a liberdade ambulatorial.

Vale dizer que a Lei nº 11.340/06 deve ser interpretada conforme a sua finalidade, ou seja, para coibir a violência doméstica e familiar contra a mulher. Assim, como *habeas* não admite o revolvimento de matéria fático-probatória, o exame da existência da ilegalidade, inclusive com relação ao ilícito envolvente das relações conjugais, deve ser visualizado de plano e incontroverso e não uma mera arguição de tese.[295]

Com relação a eventual desclassificação do crime para contravenção penal, destaca-se que ainda assim a competência se manterá junto ao Juízo da Vara Especializada de Violência Doméstica e Familiar contra a Mulher.[296]

O art. 14 da Lei Maria da Penha expõe que os Juizados de Violência Doméstica e Familiar contra a Mulher são órgãos da Justiça Ordinária e com competência cível e criminal. Nesta senda, emerge o tema sobre os recursos contra os decisórios, em especial sobre a índole jurídica das medidas protetivas.[297] Ora, considerando que o art. 22, § 4º, permite aplicar as regras do Código de Processo Civil, pode-se admitir que a natureza dos decisórios seja cível, razão do cabimento do recurso de Agravo. E neste sentido segue decisão admitindo que as medidas do art. 22 são de natureza cautelar cível satisfativa[298] e deve ser aplicado o Código de Processo Civil,[299] motivo do cabimento do Agravo (art. 522 do CPC), sem possibilidade de fungibilidade em razão do erro grosseiro.[300] E contra o indeferimento das medidas protetivas outrossim cabe Agravo, não sendo o caso de Recurso em Sen-

---

[295] STJ, RHC 43927/RS, j. 28/04/15.

[296] TJMG, Conflito de Competência, 0026894-55.2008.8.11.0000-26894/2008, j. 04/09/08.

[297] TJRS, Conflito de Competência, 70056516990, j. 07/11/13.

[298] STJ, REsp, 1419421/GO, Dp. 07/03/14.

[299] TJRJ, RSE, 0047731-36.2013.8.19.0000, j. 12/03/15.

[300] TJDF, RCL, 20070020117275, Dp. 22/04/08. Mesmo sentido: TJDF, RCL, 117274320078070000, Dp. 22/04/08

tido Estrito, já que o art. 581 do Código de Processo Penal enumera, e de forma taxativa, as hipóteses de seu cabimento.[301]

Também, há decisão no sentido de que cabe Agravo, pois ainda que não exista previsão no processo penal, o que define o recurso cabível não é a competência do órgão julgador, mas sim a natureza da decisão recorrida.[302]

Porém, ilustram-se julgados no sentido de que o Agravo não é o recurso cabível para atacar a decisão do juízo que decide medidas protetivas,[303] bem como que inexiste interesse recursal por não se tratar de ação penal, mas de procedimento cautelar deferido em favor da mulher.[304]

Em nosso turno, como a lei estabelece que serão aplicadas ao processo, ao julgamento e à execução das causas criminais decorrentes da prática de violência doméstica e familiar contra a mulher as normas dos Códigos de Processo Penal e Processo Civil, entre outras (art. 13), entendemos cabível o Recurso em Sentido Estrito para objurgar as decisões expressas no art. 581 do CPP, bem como Agravo para os demais casos.

Por certo, em se tratando de questão visualizada de plano e incontroversa, atinente a liberdade de locomoção, o *habeas* deverá impetrado. Inclusive em situações processuais em que exista a ilegalidade e o risco à liberdade deambulatorial. Assim, já se deferiu ordem em procedimento de crime de violência doméstica para inclusão de testemunha arrolada a destempo.[305]

Por fim, com relação aos casos dos drogados envolvidos em violência doméstica, giza-se que o *habeas* restará como cabível, inclusive para as situações em reste exposta a necessidade de internação em clínica de reabilitação de usuários de drogas.[306]

---

[301] TJMG, Apl. 10245120005203001, Dp. 18/09/15.
[302] TJRS, Agr.Ins. 70065278855, p. 22/07/15.
[303] TJRS, Agr.Ins. 70066487786, p. 14/09/15.
[304] TJRS, Rse, 70066650243, j. 04/11/15.
[305] TJRS, HC 70054053160, j. 24.04.13.
[306] TJ/PI, HC 00000754220158180000 PI 201500010000751, j. 05.08.15.

25. *Habeas corpus* para evitar algemas

A Súmula Vinculante nº 11 do STF admite uso de algemas em caso de resistência e de fundado receio de fuga ou de perigo à integridade física própria ou alheia, por parte do preso ou de terceiros, devendo ser justificada tal excepcionalidade por escrito, sob pena de responsabilidade disciplinar civil e penal do agente ou da autoridade e de nulidade da prisão ou do ato processual a que se refere, sem prejuízo da responsabilidade civil do Estado. Nesta esteira, se tem utilizado o *habeas* para evitar o uso de algemas quando, efetivamente, o caso concreto não as exige.[307]

A ideia que se firma é que o emprego das algemas é degradante, desonroso, humilhante e indigno, razão pela qual devem ser utilizadas quando, e somente quando, demonstrada a sua necessidade.[308]

Por certo, o uso legítimo de algemas não é arbitrário, mas sendo de natureza excepcional deve ser adotado nos casos e com as finalidades de impedir, prevenir ou dificultar a fuga ou reação indevida do preso, desde que haja justificado receio de que tanto venha a ocorrer.[309]

Vale dizer que os ferros limitam, ainda mais, a já restrita liberdade de locomoção do indivíduo. E quando inexiste risco à segurança de todos e à ordem dos trabalhos, não há justa causa para o algemamento, razão que cabe o *habeas*.[310]

---

[307] STJ-ROHC-5663/SP, DJU 23.09.96.
[308] STJ, HC 111112/DF, DJe 02.03.09.
[309] STF, HC 89.429/RO, j. 22.08.06.
[310] TJRS 700001561562, j. 27.09.00.

26. *Habeas Corpus* e controle difuso de constitucionalidade

Para evitar que uma norma infraconstitucional e contrária ao texto da carta política permaneça violando a ordem jurídica, serve-se do *controle de constitucionalidade* para resolver tal contrassenso.

Por certo, o controle de constitucionalidade pode ocorrer através de um simples julgamento, promovido por um juiz ou tribunal, sobre um caso concreto, com efeitos *ex tunc, inter partes* e de caráter não vinculante, ou até por decisão do Supremo Tribunal Federal, de forma abstrata, com efeito *ex tunc, erga omnes,* de caráter vinculante. Contudo, neste caso, restará ao Senado Federal o pronunciamento pela suspensão da execução da lei declarada inconstitucional (artigo 50, X, da CF).

E professa Streck:

"A Constituição de 1988 manteve a fórmula de controle misto de constitucionalidade (controle direto, abstrato, e incidental, concreto), agregando apenas a ação de inconstitucionalidade por omissão, inspirada no constitucionalismo português e iugoslavo (de antes da desintegração da federação). Assim, a modalidade de controle difuso com remessa ao Senado foi mantida no texto, atravessando, pois, as Constituições de 1934, 1946, 1967 e 1969."[311]

Nesta senda, no julgamento do *habeas corpus,*[312] pela sessão plenária do Supremo Tribunal Federal, sobre o § 1º do artigo 2º da Lei nº 8.072/90, um aspecto fora do comum ocorreu. É que por maioria decidiu-se por declarar a inconstitucionalidade deste dispositivo legal, permitindo o direito à progressão no regime de cumprimento de pena, em crimes hediondos ou assemelhados, e, por unanimidade, declarar incidental de inconstitucionalidade, sem consequências jurídicas

---

[311] STRECK, Lenio Luiz. *Jurisdição Constitucional e Hermenêutica.* Rio de Janeiro: Forense, 2004, p. 401.

[312] STF, HC 82.959/SP, j.23.02.06.

às penas já extintas, para afastar o óbice da aludida norma, desde que exista apreciação pelo magistrado, caso a caso, dos requisitos pertinentes à possibilidade de progressão.

Ocorre que, em face do não reconhecimento da extensão deste julgado por um juiz de direito, o qual, entre outros, entendia pela necessidade de comunicação ao Senado Federal, para, a seu critério, suspender a execução da lei declarada inconstitucional e por não haver decisão em ação direta de inconstitucionalidade (controle concentrado), capaz de produzir eficácia contra todos e efeito vinculante, ocorreu reclamação.[313]

A reclamação foi julgada procedente e, apesar do interessante debate sobre os reflexos da declarada inconstitucionalidade, o tema restou arrefecido pela superveniência da súmula vinculante nº 26 do STF, em pleno julgamento da reclamação, e que obrigou, para efeito de progressão de regime no cumprimento de pena por crime hediondo, ou equiparado, observar a inconstitucionalidade do artigo 2º da Lei nº 8.072.

Contudo, o julgamento do *habeas* em questão, e que refletiu além de seu restrito ambiente, indubitavelmente provocou a discussão sobre um distinto controle de constitucionalidade que, sem outorga do Senado Federal, permite irradiar consequências jurídicas importantes e expressivas.

Por certo, o tema ainda deverá palpitar. E ensina Choukr:

"O controle difuso é um mecanismo de aperfeiçoamento da conformação legislativa aos primados do Estado de Direito, entendendo-se aí a obediência normativa e axiológica ao texto constitucional. Se é fato que o habeas corpus nessa situação específica soube ser empregado para veicular a declaração incidental, não é menos correto que seu emprego ainda descortina inúmeras anomalias procedimentais pois, adiante de um rito que privilegiasse o controle precoce da inconstitucionalidade via incidente a apreciação da desconformidade constitucional haveria de surgir muito mais cedo."[314]

Desta forma, seja como for, deu-se relevante passo junto ao controle de constitucionalidade e seus efeitos *erga omnes* no ambiente do *habeas corpus*.

---

[313] STF, Rcl 4335/AC, 20.3.14.

[314] CLOUKR, Fauzi Hassan. *Código de Processo Penal, comentários consolidados e crítica jurisprudencial*. 2ªed. Rio de Janeirto: Lumen Juris, 200, p. 913.

27. Como fazer *habeas corpus*

Sugerimos, para melhor acomodação dos estudos, a seguinte estrutura de petição de *habeas corpus*, a qual observa seis aspectos: *Direção, identificação, fato, direito, pedido, data e assinatura.*

1º) Direção

Significa apontar a quem deve ser dirigido o *habeas corpus*. Trata-se do efetivo endereçamento.

2º) Identificação

Significa identificar (ou qualificar) o impetrante, o paciente e o coator da forma mais perfeita possível.

3º) Fato

Significa relatar os acontecimentos com objetividade, explicando em que consiste o constrangimento. Trata-se do contar a história e que revela a ilegalidade apontada.

4º) Direito

Significa expor a argumentação jurídica, tendo como eixo os direitos existentes, destacando-se a Constituição, o direito material e o processual.

5º) Pedido

É o requerimento de concessão de ordem para soltar o paciente (*habeas liberatório*/expedição de alvará de soltura), ou para cessar a ameaça (*habeas* preventivo/expedição de salvo-conduto), ou para outra questão alinhada ao afastamento da ilegalidade ao direito ambulatorial (*habeas profilático*).

6º) Data e Assinatura

Trata-se da autenticidade do pedido. Assim, deve-se datar o pedido e assiná-lo.

28. Modelos de *habeas corpus*

É evidente que não há como se firmar um modelo de *habeas corpus* comum a argumentação e pedido para necessidade futura. Contudo, para conhecimento empírico, seguem três modelos de peças: *habeas* dirigido ao Juizado Especial Criminal; *habeas* ao Tribunal de Justiça; e recurso ordinário constitucional endereçado ao Superior Tribunal de Justiça.

28.1. *Habeas* ao Juiz Singular do JECrim

EXMO(A). SR(A). DR(A). JUIZ(A) DE DIREITO DO JUIZADO ESPECIAL CRIMINAL

(...), brasileiro, casado, empresário, inscrito no CPF sob o n° (...), residente e domiciliado à Rua (...), Bairro (...), CEP (...), no município de (...), vem a presença de V.Exa., através de seu advogado LÚCIO SANTORO DE CONSTANTINO, brasileiro, casado, advogado, OAB/RS 26.997, com escritório à Avenida Aureliano de Figueiredo Pinto, n° 575, 6° andar, Bairro Praia de Belas, CEP 90050-191, em Porto Alegre/RS (doc. n°...), fulcro no artigo 5°, inciso LXVIII, da Constituição Federal, bem como nos artigos 647 e seguintes do Código de Processo Penal, impetrar ordem de

HABEAS CORPUS,
com pedido liminar

em face de <u>COAÇÃO ILEGAL</u> que o paciente vem sofrendo, nos autos do inquérito n.° XXX, por ato do Excelentíssimo Senhor Doutor DELEGADO DE POLÍCIA DO XX° DISTRITO POLICIAL desta capital, conforme as razões de fato e de direito que seguem:

1. DO FATO

1.1 – O Delegado de Polícia, titular da XXº DP, autoridade ora apontada como coatora, determinou que o paciente comparecesse no dia 10.03.16, às 14h, para prestar esclarecimentos junto ao inquérito policial nº (...) (doc. nº...) instaurado em razão da ocorrência firmada pela Sra. (...), a qual declarou ter sido ofendida, restando com lesões corporais leves, em 2.1.15 pelo paciente.

1.2 – Assim, o paciente contratou o signatário para examinar os autos do inquérito policial, restando observado que o expediente trazia a declaração da sedizente vítima, com data de 2.1.15, referindo ter sido lesionada pelo paciente (doc. nº...), bem como exame de corpo de delito, revelando lesão corporal leve (doc. nº...) e certidão do escrivão policial informando que a sedizente vítima afirmara não ter interesse em representar (doc. nº...).

1.3 – Em sequência, foi promovido requerimento que expôs à autoridade coatora que se tratava de infração de menor potencial ofensivo, razão da desnecessidade de inquérito, bem como havia referência ao desinteresse de representação. (doc. nº...)

1.4 – Contudo, a autoridade coatora apenas disse:

"aguarde-se a oitiva determinada". (doc. nº...)

[...]

2. DO DIREITO

2.1 – Existe agudo equívoco da autoridade coatora em promover a referida investigação e obrigar ao depoimento do paciente, seja em razão do porte ofensivo do delito, que demanda termo circunstanciado e remessa ao JECrim, seja em razão da falta de representação e consolidação da decadência.

2.2 – Ora, o crime em tela é de menor potencial ofensivo (artigo 129 do CP: *Pena – detenção, de três meses a um ano*), assim, é cabível termo circunstanciado, e não inquérito policial. Nesta esteira, a Lei nº 9.099/95 preceitua sobre os crimes de menor potencial ofensivo e o procedimento para sua apuração

> Art. 61. *Consideram-se infrações penais de menor potencial ofensivo, para os efeitos desta Lei, as contravenções penais e os crimes a que a lei comine pena máxima não superior a 2 (dois) anos, cumulada ou não com multa.*
> *[...].*
> Art. 69. *A autoridade policial que tomar conhecimento da ocorrência lavrará termo circunstanciado e o encaminhará imediatamente ao Juizado,*

com o autor do fato e a vítima, providenciando-se as requisições dos exames periciais necessários.

2.3 – De outra banda, em face do crime tipificado e da infração menor, o presente obrigaria a existência de representação (art. 88 da Lei nº 9.099/95) o que, no caso em tela, inexiste.

Logo, sequer inquérito poderia haver (art. 5º, § 4º, do CPP).

2.4 – Por sua vez, o art. 38 do CPP estabelece que o ofendido decairá no direito de representação, se não o exercer dentro do prazo de seis meses. Veja-se que este dispositivo legal se coaduna perfeitamente com o art. 103 do CP e que refere que o ofendido decairá do direito de representação se não exercer dentro do prazo de seis meses, contado do dia em que veio a saber quem é o autor do crime.

E não é diferente o entendimento jurisprudencial

DECADÊNCIA. (...)
Sob pena de se operar o instituto da decadência, o direito de representação do ofendido deve ser exercido dentro do lapso temporal de 6 (seis) meses, cujo termo inicial é a data em que a vítima ou o seu representante legal toma ciência de quem é o autor do delito, nos termos do disposto no art. 103 do Código Penal e art. 38 do Código de Processo Penal. (STJ. RHC 26.613/SC. Rel. Jorge Mussi. T5. DJe 03.11.2011).

Ora, no caso presente, a sedizente vítima não representou e já se passaram mais de seis meses, assim realizou-se a decadência.

Ou seja, está, de forma límpida e cristalina, extinta a punibilidade!

2.5 – Nesta senda, verificam-se que os atos da autoridade coatora, em firmar inquérito policial e determinar o comparecimento para a oitiva do paciente, encontram-se totalmente ilegais.

2.6 – Destarte, deve ser concedida ordem para afastar as determinações da autoridade policial e resolver o expediente investigativo através de trancamento.

3. DO PLEITO LIMINAR

A medida ora pleiteada comporta prestação liminar.

O *fumus boni iuris* foi devidamente demonstrado pelos elementos fáticos e jurídicos trazidos à colação, também pela documentação acostada e que assenta a ilegalidade do inquérito policial, bem como intimação e obrigação do paciente em prestar declarações.

Já com relação ao *periculum in mora*, considerando que a autoridade coatora intimou o paciente para prestar esclarecimentos no dia 10.03.16, por certo restará prejudicado o julgamento de mérito deste *mandamus*, em face do curto espaço de tempo existente.

[...]

Destarte, entende-se necessário o deferimento liminar para que seja sustada a ordem do excelentísismo delegado de polícia, e que obriga ao comparecimento e declarações do paciente.

[...]

4. DOS PEDIDOS

Diante do acima exposto, requer:

Seja conhecido o presente *habeas corpus*;

Seja concedida ordem liminar, para suspender a determinação do coator que obriga o comparecimento e oitiva do paciente;

No mérito, seja concedido o *habeas corpus* em caráter definitivo para encerrar as investigações referidas e trancar o inquérito policial.

Nestes termos, pede e espera deferimento.

Porto Alegre/RS, 25 de fevereiro de 2016.

pp. Lúcio Santoro de Constantino
OAB/RS 26.997

28.2. *Habeas* ao Tribunal de Justiça

EXCELENTÍSSIMO(A) SENHOR(A) DOUTOR(A) DESEMBARGADOR(A) PRESIDENTE DO TRIBUNAL DE JUSTIÇA DO ESTADO DO RIO GRANDE DO SUL

(...), brasileiro, casado, empresário, inscrito no CPF sob o nº (...), residente e domiciliado à Rua (...), Bairro (...), CEP (...), no município de (...), vem à presença de V.Exa., através de seu advogado LÚCIO SANTORO DE CONSTANTINO, brasileiro, casado, advogado, OAB/RS 26.997, com escritório à Avenida Aureliano de Figueiredo Pinto, nº 575, 6º andar, Bairro Praia de Belas, CEP 90050-191, em Porto Alegre/RS (doc. nº...), fulcro no artigo 5º, inciso LXVIII, da Constituição Federal, bem como nos artigos 647 e seguintes do Código de Processo Penal, impetrar ordem de

HABEAS CORPUS,

em face de COAÇÃO ILEGAL que o paciente vem sofrendo, nos autos do processo judicial nº (...), por ato do Excelentíssimo Senhor Doutor JUIZ DE DIREITO DA (...) VARA CRIMINAL DA COMARCA DE XXX, conforme os seguintes fatos e fundamentos jurídicos:

1. DOS FATOS

1.1. O paciente foi denunciado com fundamento no artigo 121, § 2º, incisos I e IV, em face da morte de (...), ocorrida no dia 24.02.16.

1.2. Em sequência, o Ministério Público requereu a prisão preventiva do paciente, o que foi deferido pela autoridade judicial, ora apontada como coatora, na data de hoje *in verbis* (doc...):

> [...].
> É breve relato. Decido.
>
> Quanto ao *fumus comissi delicti*, os documentos que instruem a denúncia, como a comunicação de ocorrência e auto de necropsia colacionados na fase inquisitorial, são suficientes para a decretação da custódia cautelar.
>
> Já os indícios de autoria são evidenciados pela prova testemunhal colhida e que demonstra que o réu (...) se encontrou com a vítima (...) e imediatamente disparou contra a mesma. Veja-se, ainda, que existem declarações revelando que havia animosidade entre o réu e a vítima, tanto que aquele, ao se encontrar com a vítima em via pública e em plena luz do dia, passou a disparar tiros contra a mesma sem esclarecidas razões até o presente momento.
>
> No tocante ao *periculum libertatis*, há interesse de ordem pública, pois houve a prática delitiva consumada contra a vida de uma pessoa, crime extremamente grave, o que não é tolerado junto ao convívio social. Ademais, o acontecimento foi amplamente noticiado e que abalou drasticamente a comunidade de (...).
>
> Destarte, decreto a prisão preventiva de (...)
> [...].

Ocorre que não merece ser mantido o decisório acima, senão vejamos:

2. DO DIREITO

2.1. Da ausência de fundamentação do decisório

Como se depreende, de forma límpida e cristalina, o decreto prisional se apresenta carente de fundamentação apta a justificar a necessidade da medida constritiva do paciente, razão da ofensa ao artigo 93, inciso IX, da Constituição Federal.

O pronunciamento judicial refere a materialidade e a autoria como elementos para a decretação da custódia cautelar e destaca ser o crime extremamente grave, não tolerado, amplamente noticiado e que abalou a comunidade.

Ocorre que estes argumentos traçados são totalmente inapropriados para efetivar o decreto prisional!

Inicialmente se ilustra que é imprescindível o esclarecimento sobre os acontecimentos que estabeleceram a necessidade da custódia. Vale dizer, é necessário que ocorra a individualização do caso em tela, para a perfectibilidade da determinação prisional.

Entrementes, o decreto prisional ora objurgado não aponta fatos concretos, para se concluir pela imperiosidade da segregação. Ou seja, não justifica a prisão.

Veja-se que a ordem de prisão apresenta a materialidade e a autoria e refere, com argumentações abertas (*delito grave, amplamente noticiado e que abalou a* comunidade), a imperiosidade do decreto prisional.

Ora, como se sabe, a custódia provisória não pode se firmar na gravidade abstrata do crime, sob pena de não mais haver liberdade a quem responde processo por homicídio. Ademais, deve a ordem de prisão estar firmada, expressamente, em acontecimentos concretos e presentes, capazes de justificar medida tão rigorosa.

Tanto que o entendimento desta própria corte é no sentido de afastar a prisão provisória, quando não esclarecidas as razões fáticas e de direito, mesmo frente à grave infração penal:

> *HABEAS CORPUS*. HOMICÍDIO TENTADO. PRISÃO PREVENTIVA. REVOGAÇÃO. AUSÊNCIA DE FUNDAMENTAÇÃO. DECRETO PRISIONAL NÃO APONTOU ELEMENTOS CONCRETOS PARA JUSTIFICAR A NECESSIDADE DA PRISÃO CAUTELAR. **Da leitura da decisão, não se verifica fundamentação concreta a embasar a custódia do paciente. O magistrado não apontou elementos concretos, ainda que presentes nos autos, para justificar a necessidade da prisão cautelar. O decreto prisional está amparado somente na gravidade abstrata do delito, fundamento**

insuficiente para a manutenção da restrição à liberdade. Está sedimentado na jurisprudência o entendimento de que não é lícito às instâncias superiores suprir, em *habeas corpus* ou recurso da defesa, com novas razões, a falta ou deficiência de fundamentação da decisão penal impugnada. **LIMINAR CONFIRMADA. ORDEM CONCEDIDA.**
(Habeas Corpus Nº 70058049206, Terceira Câmara Criminal, Tribunal de Justiça do RS, Relator: Jayme Weingartner Neto, Julgado em 27/02/2014). (grifo nosso)

De outra banda, o decisório salienta que há interesse de ordem pública em face do comportamento não tolerado, plenamente noticiado e que abalou drasticamente a comunidade.

Ocorre que, evidentemente, isto não significa ofensa à ordem pública.

A bem da verdade, destaca-se que não existe qualquer interesse de ordem pública em jogo, pois o paciente não possui histórico vinculado à criminalidade e não carrega qualquer característica que demonstre risco de promover crimes se permanecer em liberdade.

E, neste aspecto, é de se gizar que a custódia provisória em razão da ordem pública se dá para assegurar a organização social. E professa Giacomolli:[315]

> [...] a vinculação jurisdicional da necessidade da prisão para garantir a ordem pública se justifica nos casos em que o delito colocar em risco a organização estrutural de uma instituição do Estado ou do próprio Estado de Direito. **Nessa delimitação não cabem motivações de prevenção especial ou geral**. (Grifo nosso)

Vale dizer que no caso presente, o paciente solto não estabelece qualquer perigo à comunidade ou ao Estado propriamente dito. E seu comportamento, antes e depois do fato, não revelou qualquer risco à ordem pública.

E, certamente, foi por esta razão que o decreto prisional não logrou em apontar qualquer elemento fático que realmente amparasse o ideário de iminente violação à ordem pública. Assim, não há motivo para a segregação.

E neste sentido, segue julgado do Supremo Tribunal Federal:

> *HABEAS CORPUS.* PROCESSUAL PENAL. PRISÃO PREVENTIVA. CONVENIÊNCIA DA INSTRUÇÃO CRIMINAL E GARANTIA DA ORDEM PÚBLICA. AUSÊNCIA DE INDICAÇÃO DE BASE FÁTICA. EXCEÇÃO À SÚMULA N. 691-STF. 1. **A prisão**

---
[315] GIACOMOLLI, Nereu José. Prisão, liberdade e as cautelares alternativas ao cárcere. São Paulo/SP. Marcial Pons, 2013. p. 77-78.

cautelar por conveniência da instrução criminal e para garantia da ordem pública não se sustenta quando fundada na simples afirmação de sua necessidade, sem indicação de elementos fáticos que a ampare. 2. Situação de flagrante constrangimento ilegal a ensejar exceção à Súmula n. 691/STF. Ordem concedida. Extensão aos corréus.
(STF – HC: 102110 SP , Relator: Min. EROS GRAU, Data de Julgamento: 08/06/2010, Segunda Turma, Data de Publicação: DJe-116 DIVULG 24-06-2010 PUBLIC 25-06-2010 EMENT VOL-02407-03 PP-00659) (Grifo nosso)

Ademais, há que se esclarecer que não se pode confundir ordem pública com clamor social, este sim existente no caso, mas gerado exclusivamente por familiares da vítima, que inflamaram a comunidade com agudas manifestações públicas e destacadas entrevistas, com efeitos bombásticos para atormentar, ainda mais, a horrorosa situação pela qual passa o paciente. E apenas para exemplificar, vejamos algumas destas:

– Manifestação da esposa da vítima, contra o réu, no *Facebook*, um dia após os acontecimentos, dizendo "*...estamos querendo a tua cabeça!!! Tens que morrer animal.* (doc...)
– Entrevista do tio da vítima, acusando o réu com palavras agressivas, no Jornal da Cidade, dois após os acontecimentos, referindo que "*...ele é bandido, mal caráter, deveria ir embora para sempre, pois nossa comunidade o detesta*". (doc...)
– Entrevista do filho da vítima, acusando o réu com expressões imorais no Jornal da Cidade, uma semana após os acontecimentos, dizendo " *...este vagabundo tem que desaparecer na lama, lugar de onde veio*". (doc...)

Assim, é evidente que o clamor social foi artificialmente fabricado por parentes da vítima, que continuam a promover manifestos agressivos e desnecessários ao bom ambiente do convívio comunitário.

De outra banda, é de se lembrar que eventual destaque do crime e a rejeição por parte da comunidade é algo evidentemente natural. Porém, não são argumentos para legitimar a prisão provisória.

Tanto que com relação ao grave delito e a inconformidade social, o Superior Tribunal de Justiça já se manifestou:

HABEAS CORPUS. PROCESSUAL PENAL. CRIME DE HOMICÍDIO QUALIFICADO. PRISÃO PREVENTIVA. DECRETO DESPROVIDO DE FUNDAMENTAÇÃO IDÔNEA. CONSTRANGIMENTO ILEGAL EVIDENCIADO. PRECEDENTES.

1. Consoante o entendimento desta Corte, a custódia cautelar, para ser mantida ou decretada, deve atender aos requisitos autorizati-

vos previstos no art. 312 do Código de Processo Penal, os quais deverão ser demonstrados com o cotejo de elementos reais e concretos que indiquem a necessidade da segregação provisória, no sentido de que o réu solto irá perturbar, ou colocar em risco, a ordem pública, a instrução criminal ou a aplicação da lei penal. **2. A gravidade extremada do delito e o clamor público, inerente ao repúdio que a sociedade confere à prática criminosa, não são suficientes para, por si sós, fazer presente o periculum libertatis e justificar a prisão provisória.** 3. Ordem concedida para revogar a custódia preventiva imposta ao Paciente, diante da ausência de fundamentação idônea, determinando, por consequência, a expedição de alvará de soltura em seu favor, se por outro motivo não estiver preso.
(HC 117769/SP, Rel. Ministra LAURITA VAZ, QUINTA TURMA, julgado em 14/05/2009, DJe 08/06/2009). (grifo nosso).

Assim, evidentemente não há falar em garantia da ordem pública no caso em tela, para determinar a prisão preventiva.

2.2. Das medidas alternativas à prisão preventiva

O artigo 319 do Código de Processo Penal, que representa inovação processual, mostra-se cabível ao caso em concreto, se for mantida a prisão do paciente.

E neste sentido segue o tribunal sulista:

HABEAS CORPUS. DUPLO HOMICÍDIO DUPLAMENTE QUALIFICADO. PRISÃO PREVENTIVA. GRAVIDADE DO FATO. CLAMOR PÚBLICO. OCULTAR-SE APÓS FATO. AUSÊNCIA DE RISCOS À GARANTIA DA ORDEM PÚBLICA E DA INSTRUÇÃO CRIMINAL. CONDIÇÕES PESSOAIS FAVORÁVEIS. PRISÃO PREVENTIVA SUBSTITUÍDA POR MEDIDAS CAUTELARES. 1. *Writ* em que o impetrante busca a liberdade, alegando que não estão presentes os requisitos da preventiva, ressaltando que o paciente apresentar atributos pessoais que não levam a concluir pela possibilidade de reiteração delituosa. Alternativamente, pede a conversão da prisão preventiva em domiciliar, em obediência ao art. 7°, V, da Lei n° 8.906/94, diante da ausência de sala de Estado Maior. 2. No caso concreto, o fato pelo qual o paciente foi preso, embora extremamente grave, parece ser um isolado na vida dele, que conta com 50 anos de idade, possui ocupação lícita e residência fixa. Também, inexiste notícia de que ele esteja eventualmente ameaçando testemunhas ou trazendo riscos à instrução criminal. 3. **A gravidade do fato, o clamor público por Justiça e eventual tentativa de o paciente ocultar-se logo após o fato, se não levarem a concluir pelo comprometimento da ordem pública ou à tendência de que o agente pretenda frustrar-se à aplicação da lei, pela preponderância dos demais predicativos pessoais, não podem servir de** fundamento para a manutenção da prisão preventiva. Precedentes. 4. Situação fática em que a substituição da prisão preventiva por medidas cautelares atende a máxima da proporcionalidade (art. 319 do CPP). ORDEM CONCEDIDA.

(*Habeas Corpus* Nº 70053803334, Primeira Câmara Criminal, Tribunal de Justiça do RS, Relator: Julio Cesar Finger, Julgado em 17/04/2013). (grifo nosso).

Destarte, caso Vossas Excelências entendam pelo decreto prisional, desde já, por cautela, é de se observar a substituição da custódia preventiva pela aplicação de medidas alternativas.

2.3. Das condições pessoais do paciente

O paciente é jovem de 25 (vinte e cinco) anos de idade, primário, bons antecedentes, bem integrado em ambiente familiar e de perfeita estrutura moral.

Possui curso superior em arquitetura (doc...), sendo que trabalha há seis anos na mesma empresa (...) (doc...), com ocupação claramente lícita.

Ademais, possui endereço fixo há longo tempo, o qual já restou informado ao juízo (doc...).

Ainda que tais circunstâncias sozinhas não conduzam à revogação da prisão preventiva, por certo que devem ser apreciadas, pois relevantes ao caso em tela, já que o fato trazido pela denúncia é algo totalmente atípico e isolado na vida do paciente (doc...).

3. DOS PEDIDOS

Diante do acima exposto, requer seja conhecido o presente *habeas corpus* e deferida ordem para cassar a decisão de prisão preventiva do paciente, com expedição de salvo-conduto (ou alvará de soltura, em caso de ser efetivada a custódia que até a presente data não ocorreu).

Entrementes, em caso de entendimento pela manutenção da prisão, o que não espera, por excesso de prudência, requer seja substituída a segregação por quaisquer das alternativas constantes do artigo 319 do Código de Processo Penal;

Nestes termos, pede e espera deferimento

Porto Alegre, 10 de março de 2016.

Lúcio Santoro de Constantino
OAB/RS 26.997

28.3. Recurso Ordinário em *habeas* ao Superior Tribunal de Justiça

EXCELENTÍSSIMO(A) SENHOR(A) DOUTOR(A) DESEMBARGADOR(A) RELATOR(A) DA (...) CÂMARA CRIMINAL DO TRIBUNAL DE JUSTIÇA DO ESTADO DO RIO GRANDE DO SUL

Habeas corpus n° (...)

(...), já qualificado junto ao *mandamus* acima numerado, vem respeitosamente à presença de Vossa Excelência, através de seu advogado signatário, conforme procuração em anexo (doc. n°...), inconformado com a decisão que denegou a ordem de *habeas corpus*, fulcro no artigo 105, inciso II, alínea *a*, da Constituição Federal, bem como no artigo 30 e seguintes da Lei n° 8.038/90 e, ainda, com fundamento no artigo 340 e seguintes do Regimento Interno deste Tribunal Gaúcho, interpor RECURSO ORDINÁRIO CONSTITUCIONAL.

Nestas condições, requer seja recebido o presente recurso, com as razões anexas, sendo dado o devido prosseguimento ao feito, com remessa ao Superior Tribunal de Justiça.

Nestes termos, pede e espera deferimento.

Porto Alegre/RS, 7 de fevereiro de 2016.

p/p. Lúcio Santoro de Constantino
OAB/RS 26.997

EXCELENTÍSSIMO(A) SENHOR(A) MINISTRO(A) RELATOR(A) DA (...) TURMA DO EGRÉGIO SUPERIOR TRIBUNAL DE JUSTIÇA

COLENDA TURMA,

ILUSTRES JULGADORES!

(...), já qualificado, vem, respeitosamente à presença de Vossa Excelência, apresentar RAZÕES DE RECURSO ORDINÁRIO CONSTITUCIONAL, o que faz nos seguintes termos:

1. DOS FATOS

1.1. Em 28 de julho de 2014, o recorrente restou denunciado pelo Ministério Público, sendo-lhe imputada a prática do delito insculpido no artigo 121, § 2º, incisos I e IV, c/c o artigo 29, caput, ambos do Código Penal (fls. XXX).

1.2. Em sequência, o *parquet* postulou pela decretação da prisão preventiva do recorrente, tendo a autoridade, ora apontada como coatora, deferido tal pleito, após delongado decreto, concluindo:

> Assim, impõe-se a necessariedade da medida cautelar de prisão, em face da conveniência da instrução criminal , pois o denunciado tem condições, em razão de sua comprovada fortuna, de dificultar e impedir o normal curso do processo crime existente contra si. Ademais, em breve começarão os depoimentos das testemunhas arroladas pela denúncia.
>
> Destarte, decreto a prisão preventiva de (...)

1.3. Diante disso, foi requerida a revogação da prisão preventiva perante o juízo singular, porém, seguiu decisório pela manutenção da prisão nos seguintes termos:

> Muito embora o esforço persuasivo da defesa, a situação fática permanece a mesma, razão que mantenho o decisório prisional.

1.4. Inconformado, o recorrente impetrou *habeas corpus* buscando a cassação da decisão de prisão (fls. XXX). Porém, a ilustre XXX Câmara Criminal do Egrégio Tribunal de Justiça sulista entendeu, por unanimidade, em denegar a ordem (fls. XXX):

> A decisão do juízo a quo *deve ser mantida, pois realmente é necessária a prisão preventiva decretada, em razão da conveniência da instrução criminal, em especial em razão dos testigos que devem ser prestados ainda. Assim, para proteger o cursivo instrutório, assegurando a produção de prova saudável, é de se manter o paciente preso, de forma a evitar que dificulte o normal desenvolvimento do processo.*
>
> Denegada a ordem.

No entanto, em face do cristalino equívoco no decisório que manteve a ordem de prisão, resta imperiosa a promoção deste recurso ordinário constitucional em *habeas corpus*, a fim de que seja garantido o Direito e firmada a Justiça.

2. DO DIREITO

A bem da verdade, não se mostra acertada a manutenção da ordem de prisão preventiva do recorrente, em face da conveniência da instrução criminal.

Como se sabe, há que se possuir elementos concretos e idôneos que indiquem a necessidade da prisão preventiva, através do apontamento objetivo de que a permanência do acusado em liberdade representa situação inconveniente à instrução criminal.

Ora, a medida cautelar motivada pela conveniência da instrução criminal tem como finalidade proteger o cursivo instrutório, assegurando a produção de prova e a preservação das práticas processuais. Assim, não basta apenas se alegar que a conduta do acusado dificulta ou poderá obstar o curso normal do processo. É imperioso se apontar fatos concretos e perfeitamente comprovados, capazes de revelar o risco existente.

Ocorre que isto não ocorreu!

Vale dizer que a prisão do recorrente se dá com base em uma suposição, sem qualquer suporte em elemento real. Apenas por ter *condições, em razão de sua comprovada fortuna, de dificultar e impedir o normal curso do processo crime existente contra si.*

Ou seja, o recorrente se encontra preso com força em um imaginário!

Ora, é inadmissível que alguém reste preso preventivamente em face de uma criação cerebrina sem qualquer suporte fático.

Ademais, não pode o recorrente ter sua liberdade cerceada sem qualquer indicação de situação clara e concreta que defina a necessida da segregação.

Tanto, que a jurisprudência do Superior Tribunal de Justiça consolidou o entendimento sobre a impossibilidade deste tipo de decisório prisional:

> *HABEAS CORPUS.* ROUBO CIRCUNSTANCIADO. SÚMULA N. 691 DO STF. PRISÃO PREVENTIVA. ART. 312 DO CPP. *PERICULUM LIBERTATIS.* INDICAÇÃO NECESSÁRIA. FUNDAMENTAÇÃO INSUFICIENTE. ORDEM CONCEDIDA DE OFÍCIO.
>
> 1. Este Superior Tribunal tem se orientado pela possibilidade de mitigação do entendimento consolidado na Súmula n. 691 do STF, em homenagem ao princípio da economia processual, possibilitando o processamento do habeas corpus quando, comprovada a superveniência de julgamento final do writ originário, o teor do acórdão proferido, em contraposição ao exposto na impetração, faz as vezes de ato coator, exatamente como no caso dos autos.
>
> **2. A jurisprudência desta Corte Superior é firme em assinalar que a determinação de segregar o réu, antes de transitada em julgado a condenação, deve efetivar-se apenas se indicada, em dados concretos dos autos, a necessidade da cautela (periculum libertatis), à luz do disposto no art. 312 do CPP.**

3. O Juízo de primeiro grau apontou genericamente a presença dos vetores contidos no art. 312 do Código de Processo Penal, sem indicar motivação suficiente para justificar a necessidade da segregação cautelar do paciente. Embora tenha aludido, para evidenciar a autoria e a materialidade delitiva (*fumus commissi delicti*), a dados concretos do caso – como a identificação do paciente pela placa da motocicleta utilizada no crime, o fato de ter sido reconhecido pelas vítimas e de um dos aparelhos subtraídos estar em seu poder –, deixou de indicar elementos específicos dos autos que justifiquem a imprescindibilidade da prisão preventiva para assegurar a ordem pública, a conveniência da instrução criminal e a aplicação da lei penal (*periculum libertatis*).

4. Ordem concedida para, confirmada a liminar que restituiu a liberdade ao paciente, cassar o decreto de prisão preventiva, sem prejuízo da possibilidade de nova decretação, se concretamente demonstrada sua necessidade cautelar, ou da imposição de medida alternativa, nos termos do art. 319 do CPP.

STJ, HC 307069, 25.11.15.

De outra banda, não é demais lembrar que a expressão "conveniência" não é uma mera interpretação abstrata e ampla, mas, sim, concreta e restrita, de forma que em nome da proteção do direito de liberdade da pessoa humana a mesma assume o sinônimo de imperiosidade.

E não poderia ser diferente, pois quando estamos frente a uma custódia provisória estamos frente à excepcionalidade no ambiente processual criminal.

Logo, como no caso em tela inexiste qualquer indicação de fato concreto, com sua respectiva prova, no sentido da necessidade da prisão do recorrente, há de ser dado provimento ao presente recurso ordinário constitucional para revogar o decreto prisional que pesa contra o recorrente.

3. DAS MEDIDAS ALTERNATIVAS À PRISÃO

De outra banda, em caso de manutenção da prisão, o que não acredita o recorrente, é perfeitamente cabível o artigo 319 do Código de Processo Penal.

Veja-se que o recorrente é primário, não possui antecedentes policiais ou judiciais, é trabalhador, possui residência fixa e conhecida, sendo a presente denúncia algo isolado em sua vida. (fls...)

Ora, ainda que tais circunstâncias, sozinhas, não conduzam à revogação da prisão preventiva, por certo que devem ser apreciadas, pois relevantes ao caso em tela, já que, ao menos, demonstram que o recorrente faz jus à aplicação de medidas alternativas à prisão preventiva, pois plenamente viáveis e mais úteis que a mera custódia provisória.

Destarte, em caso de se manter a cautela prisional, desde já se requer a aplicação de medidas alternativas à prisão preventiva.

4. DOS PEDIDOS

Diante do acima exposto, requer seja conhecido e provido o presente recurso, para cassar a ordem de prisão existente contra o recorrente, ou, alternativamente, determinar a substituição por medida alternativa.

Nestes termos, pede e espera deferimento.

Porto Alegre/RS, 7 de fevereiro de 2016

p/p. Lúcio Santoro de Constantino
OAB/RS 26.997

Bibliografia

ALEM, José Antonio. *Mandado de segurança*. 2.ed. Campinas: Péritas, 1996.

ALMEIDA, Cândido Mendes de : *Ordenações Filipinas*. Lisboa: Fundação Calouste Gulbenkian, 1985.

ALVES, Antonio de Brito. *Habeas corpus*. Recife: EDUFP, 1972.

AQUINO, José Carlos G. Xavier de; NALINI, José Renato. *Manual de processo penal*. São Paulo: Saraiva 1997.

ARLIDGE, Anthony; Judge, Igor. *Magna Carta, Law, Liberty, Legacy*. Edited by Claire Breay and Julian Harrison. The British Library. London, 2015

BARBI, Celso Agrícola. *Do Mandado de Segurança*. Rio de Janeiro: Forense, 1997.

BONILHA, José Carlos Mascari. *Manual de Processo penal*. São Paulo: Juarez de Oliveira, 2000.

BOSCHI, José Antônio Paganella. *Ação penal*. Rio de Janeiro: Aide, 1997.

BOTTINI, Pierpaolo Cruz. MEDIDAS CAUTELARES PENAIS (LEI 12.403/11): Novas regras para a prisão preventiva e outras polêmicas. Revista Eletrônica de Direito Penal. Ano 1. Vol. 1. N. 1. Junho/2013, p. 265. Acesso em 07.12.15: file:///C:/Users/usuario/Downloads/7152-25348-1-SM.pdf.

BUENO, José Antonio Pimenta. *Apontamentos sobre o processo criminal brasileiro*. Rio de Janeiro: Jacintho Ribeiro dos Santos Ed., 1922.

CÓDIGO Penal. 39.ed. São Paulo: Saraiva, 2001.

CÓDIGO de Processo Penal. 41. ed. São Paulo: Saraiva, 2001.

CONSOLIDAÇÃO das Leis do Trabalho. 23. ed. São Paulo: Saraiva, 1998.

CONSTANTINO, Lúcio Santoro de. *Recurso Criminal, Sucedâneos Recursais Criminais e Ações Impugnativas Autônomas*. 4. ed. Porto Alegre: Livraria do Advogado, 2010.

——. *Nulidades no Processo Penal*. 5. ed. Porto Alegre: Verbo Jurídico, 2011.

CONSTITUIÇÃO da República Federativa do Brasil. São Paulo: Saraiva, 2000.

CUNHA, Mauro; SILVA, Roberto Geraldo Coelho da. *Habeas corpus*. 2. ed. Rio de Janeiro: Aide, 1990.

DIAS, Maria Berenice. *A Lei Maria da Penha na justiça*. 3. ed. São Paulo: Revista dos Tribunais, 2012.

DALIA, Andrea Antonio. *Manuale di Diritto Processuale Penale*. 5. ed. Padova: CEDAM, 2003.

DEMERCIAN, Pedro Henrique; MALULY, Jorge Assaf. *Habeas corpus*. Rio de Janeiro: Aide, 1995.

ENCICLOPEDIA GIURIDICA, Instituto della Enciclopedia Italiana. Roma: Fondata da Giovanni Treccani, 1989.

ESPARZA, Júlio Muerza. *Derecho Procesal Penal*. Madrid: Centro de Estúdios Ramón Areces, 1999.

ESPÍNOLA, Eduardo. *Código de processo penal brasileiro anotado*. Rio de Janeiro, Ed. Rio, 1980. v.4.

FEINMAN, Jay M. *Law 101*. Fourth edition. Oxford University Press, New York, 2014.

FENECH, Miguel. *El Processo Penal*. Barcelona: José Mª Bosch Editor, 1956.

FERRACINI, Luiz Alberto. *Habeas corpus, doutrina, prática e jurisprudência*. [S.l.]: De Direito, [s.d.].

FERRAIOLI, Marzia. *Manuale di Diritto Processuale Penale*. Quinta Edizione. Padova: CEDAM, 2003.

FERREIRA, Luiz Pinto. *Teoria e prática do habeas corpus*. São Paulo: Saraiva, 1979.

FERREIRA FILHO, Manoel Gonçalves. *O estado de sítio*. São Paulo: Revista dos Tribunais, 1964.

FIGUEIRA JÚNIOR, Joel Dias; LOPES, Maurício Antonio Ribeiro. *Comentários à Lei dos Juizados Especiais Cíveis e Criminais*. 3.ed. São Paulo: Revista dos Tribunais, 2000.

FOPPEL, Gamil. Habeas Corpus in *Ações Constitucionais*. Fredie Didier Jr., organizador, 6. ed. Salvador: Editoria Jus Podium, 2012.

GAGLIARDI, Pedro. *As liminares em processo penal*. São Paulo: Saraiva, 1999.

GRECO FILHO, Vicente. *Tutela constitucional das liberdades*. São Paulo: Saraiva, 1989.

GRINOVER, Ada Pellegrini; FERNANDES, Antonio Scarance; GOMES FILHO, Antonio Magalhães. *As nulidades no processo penal*. 6. ed. São Paulo: Revista dos Tribunais, 2000.

——; GOMES FILHO, Antonio Magalhães; FERNANDES, Antonio Scarance. *Recursos no processo penal*. 2 .ed. São Paulo: Revista dos Tribunais, 1999.

GUIMARÃES, Aureliano. *Habeas corpus*. São Paulo: Acadêmica, 1925.

GUSMÃO, Sady Cardoso. *Código de processo penal – breves anotações*. Rio de Janeiro: [s.ed.], 1942.

HALLIDAY, Paul D. *Habeas Coirpus*: from England to Empire. The Balknap Press of Harvard University Press, Cambridge, Massachusetts; London, England, 2010.

INELLAS, Gabriel Cesar Zaccaria de. *Da prova em matéria criminal*. Rio de Janeiro: Ed. Juarez de Oliveira, 2000.

JARDIM, Afrânio Silva. *Direito processual penal*. 6. ed. Rio de Janeiro: Forense, 1997.

LEAL, Antônio Luiz Câmara. *Comentários ao código de processo penal brasileiro*. Rio de Janeiro/São Paulo: Freitas Bastos, 1942. v.1.

LEY DE ENJUICIAMIENTO CRIMINAL y otras normas procesales. Edición preparada por Julio Muerza Esparza. 10.ed. Cizur Menor: Thomson, Aranzadi. 2005.

LOUREIRO NETO, José da Silva. *Direito Penal Militar*, Atlas, 2. ed. São Paulo, 1999.

MACHADO, Antônio Alberto. *Curso de Processo Penal*. 2. ed. São Paulo: Atlas, 2009.

MAYNEZ, Eduardo Garcia.*Introduccion al estudio del derecho*. México: Editorial Porrua, 1984.

MARQUES, José Frederico. *Elementos de direito processual penal*. Campinas: Bookseller, 1998. v. II.

MEIRELLES, Hely Lopes. *Direito administrativo brasileiro*. 22.ed. São Paulo: Malheiros, 1997.

MIRABETE, Julio Fabbrini. *Manual de direito penal*. 4. ed. São Paulo: Atlas, 1989.

——. *Processo penal*. 10. ed. São Paulo: Atlas, 2000.

——. *Processo penal*. 11. ed. São Paulo: Atlas, 2001.

MIRANDA, Pontes de. *História e prática do habeas corpus*. Rio de Janeiro: Borsoi, 1962.

——. *História e prática do habeas corpus*. Atualizado por Vilson Rodrigues Alves. São Paulo: Bookseller, 1999. t. II.

MOSSIN, Heráclito Antônio. *Habeas corpus*. 5. ed. São Paulo: Atlas, 2000.

——. Nulidades no direito processual penal. 2. ed. São Paulo: Atlas, 1999.

NALINI, José Renato. *Manual de processo penal*. São Paulo: Saraiva.
NOGUEIRA, Paulo Lúcio. *Curso completo de processo penal*. 4. ed. São Paulo: Saraiva, 1990.
NORONHA, Edgard Magalhães. *Curso de direito processual penal*. São Paulo: Saraiva, 1989.
NUCCI, Guilherme de Souza. *Manual de Processo e Execução Penal* – 10. ed. rev., atual e ampl. São Paulo: Revista dos Tribunais, 2013.
PACHECO, J. E. Carvalho. *Habeas corpus*. 4. ed. Paraná: Juruá, Paraná, 1977.
PASTOR, Daniel R. El plazo razonable en el proceso del estado de derecho. Buenos Aires: Ad Hoc, 2002.
PRADO, Amauri Reno do. *Manual de Processo Penal*. São Paulo: Juarez de Oliveira, 2000.
RAMOS, Dircêo Torrecillas. *Remédios constitucionais*. 2. ed. São Paulo: WVC Ed., 1998.
RANGEL, Paulo. *Direito Processual Penal*. 20. ed. São Paulo: Atlas, 2012.
REVISTA de Jurisprudência do Estado do Rio Grande do Sul, RJTJRGS 192/67.
REVISTA de Jurisprudência do Estado do Rio Grande do Sul, RJTJRGS 199/81.
REVISTA de Jurisprudência do Estado do Rio Grande do Sul, RJTJRGS 194/197.
REVISTA de Jurisprudência do Estado do Rio Grande do Sul, RJTJRGS 55/19.
REVISTA de Jurisprudência do Estado do Rio Grande do Sul, RJTJRGS 196/58.
REVISTA de Jurisprudência do Estado do Rio Grande do Sul, RJTJRGS 161/42.
REVISTA de Jurisprudência do Estado do Rio Grande do Sul, RJTJRGS 199/81.
REVISTA de Jurisprudência do Estado do Rio Grande do Sul, RJTJRGS 59/38.
REVISTA de Jurisprudência do Estado do Rio Grande do Sul, RJTJRGS 194/87.
REVISTA de Jurisprudência do Estado do Rio Grande do Sul, RJTJRGS 170/71.
REVISTA de Jurisprudência do Estado do Rio Grande do Sul, RJTJRGS 198/168.
REVISTA de Jurisprudência do Estado do Rio Grande do Sul, RJTJRGS 173/206.
REVISTA de Jurisprudência do Estado do Rio Grande do Sul, RJTJRGS 196/382.
REVISTA de Jurisprudência do Estado do Rio Grande do Sul, RJTJRGS 179/211
REVISTA de Jurisprudência do Estado do Rio Grande do Sul, RJTJRGS 194/247.
REVISTA de Jurisprudência do Estado do Rio Grande do Sul, RJTJRGS 188/171.
REVISTA de Jurisprudência do Estado do Rio Grande do Sul, RJTJRS 173/81.
REVISTA de Jurisprudência do Estado do Rio Grande do Sul, RJTJERGS 104/32.
REVISTA de Jurisprudência do Estado do Rio Grande do Sul, RJTJERGS 173/69.
REVISTA de Jurisprudência do Estado do Rio Grande do Sul, RJTJERGS 195/51.
REVISTA de Jurisprudência Penal Militar, Porto Alegre, n.208, jan./jun., 1997.
REVISTA de Jurisprudência Penal Militar, Porto Alegre, n.244, jan./jun., 1997.
REVISTA de Jurisprudência Penal Militar, Porto Alegre, n.248, jul./dez., 1999.
REVISTA de Jurisprudência Penal Militar, Porto Alegre, n.252, jan./jun., 1997.
REVISTA de Jurisprudência Penal Militar, Porto Alegre, n.253, p.436/313, jul./dez., 1997.
REVISTA de Jurisprudência Penal Militar, Porto Alegre, n.298, jul./dez., 1996.
REVISTA de Jurisprudência Penal Militar, Porto Alegre, n.307, p.437, jul./dez.
REVISTA de Jurisprudência Penal Militar, Porto Alegre, n.311, jul./dez., 1996.
REVISTA de Jurisprudência Penal Militar, Porto Alegre, n.329, p.437, jul./dez., 1996.
REVISTA de Jurisprudência Penal Militar, Porto Alegre, n.331, jul./dez., 1996.
REVISTA de Jurisprudência Penal Militar, Porto Alegre, n.333, jul./dez., 1997.

REVISTA do Tribunal Regional Federal da 4ª Região, Porto Alegre, a. 5, n.17, jan./mar., 1994.

REVISTA do Tribunal Regional Federal da 4ª Região, Porto Alegre, a. 7, n.23, jan./mar., 1996.

REVISTA do Tribunal Regional do Trabalho da 4ª Região, n.24/214.

REVISTA do Tribunal Regional do Trabalho da 4ª Região, n.29/212.

REVISTA do Tribunal Regional do Trabalho da 4ª Região, n.30/254.

REVISTA do Tribunal Regional Eleitoral do Estado do Rio Grande do Sul, v. 4, nº 10/199.

REVISTA do Tribunal Regional Eleitoral do Estado do Rio Grande do Sul, nº 6/172.

REVISTA do Tribunal Regional Eleitoral do Estado do Rio Grande do Sul, v.4, nº 10/200.

REVISTA do Tribunal Regional Eleitoral do Estado do Rio Grande do Sul, n.6/172.

RIBEIRO, Maurício Antonio. *Comentários à lei dos juizados especiais cíveis e criminais*. 3. ed. São Paulo: Revista dos Tribunais, 2000.

ROSAS, Roberto. *Direito processual constitucional*. São Paulo: Revista dos Tribunais, 1983.

RUOTOLO, Marco. *Habeas corpus*, In Diritti Umani, cultura dei diritti e dignità della persona nell'epoca della globalizzazione. Direzione scientifica di Marcelo Flores. Coordinamento di Marcelo Flores, Tana Grioppi e Riccardo Pisillo Mazzeschi. Torino:Unione Tipografico-Editrice Torinese, 2007.

SAMAHA, Joel. *Criminal Procedure*. Ninth Edition. Minnesota: Cengage Learning, 2013.

SANTANA, Rafael. *Habeas Corpus* in *Ações Constitucionais*. Fredie Didier Jr., organizador, 6. ed. Salvador: Editoria Jus Podium, 2012.

SANTOS, Nilton Dantas. *A defesa e a liberdade do réu no processo penal*. Rio de Janeiro: Forense, 1998.

SHARPE, R. J. *The Law of Habeas Corpus*. Oxford: Second Edition. Clarendon Press, 1989

SIDOU, J.M. Othon. *Habeas corpus, mandado de segurança, mandado de injunção, habeas data, ação popular*. 5. ed. Rio de Janeiro: Forense, 1998.

SILVA, Roberto Geraldo Coelho da. *Habeas corpus*. 2. ed. Rio de Janeiro: Aide, 1990.

SIQUEIRA, Galdino. *Curso de processo criminal*. São Paulo: Livraria Magalhães, 1930.

SOLER, José Maria Rifá; GONZÁLEZ, Manuel Richard; BRUN, Iñaki Riaño. *Derecho Procesal Penal*. Pamplona: Instituto Navarro de Administración Pública, 2006.

TORNAGHI, Hélio. *Curso de Processo Penal*. 6. ed. São Paulo: Saraiva, 1989. v.2.

TOURINHO FILHO, Fernando da Costa. *Processo penal*. 17. ed. São Paulo: Saraiva, 1995. Livro 4.

——. *Manual de processo penal*. São Paulo: Saraiva, 2001.

TRIBUNAL de Alçada do Estado do Rio Grande do Sul, 1ª Câmara Criminal.

TRIBUNAL de Justiça do Estado do Rio Grande do Sul. Jurisprudência Brasileira Criminal, Ed. Juruá, n. 32, 1993.